HISTOIRES
DE VOLEURS

HISTOIRES DE VOLEURS

PAR LOUIS THINET

A. FAYARD ET Cⁱᵉ PAR[IS]

LOUIS THINET

HISTOIRES
DE
VOLEURS

PARIS
ARTHÈME FAYARD et Cⁱᵉ, ÉDITEURS
18-20, RUE DU SAINT-GOTHARD

Les voleurs sont quelquefois plus malins que les honnêtes gens, malheureusement. Il nous a paru intéressant de réunir ici les exemples les plus typiques de l'ingéniosité des filous. Espérons que cette lecture vous mettra, chers lecteurs, sur vos gardes.

Si vous n'avez jamais été victime d'un vol, vous pouvez l'être; il est donc indispensable que vous connaissiez les moyens employés par les escarpes pour détrousser leurs semblables.

« Un homme averti en vaut deux », dit un proverbe. Quand vous aurez lu ce livre, vous en saurez autant que votre adversaire et vous serez de taille à vous défendre...

LE VOL A LA TIRE

Parmi les nombreux procédés dont usent les filous pour s'approprier le bien d'autrui, il en est un qui date de la plus haute antiquité et qui se pratique dans tout l'univers; c'est le vol à la tire qui, comme son nom l'indique, consiste à introdnire délicatement la main dans la poche ouverte de son voisin et d'en tirer, sans secousse, ce qu'elle contient.

Il est facile, rapide et presque sans danger; s'il exige de la dextérité et même un certain art de prestidigitation, il ne provoque qu'un effort relatif; il a en outre cette supériorité, notamment sur le vol à l'esbrouffe, de pouvoir se commettre sans le secours d'un complice, ce qui écarte toute crainte de dénonciation et toute discussion pour le partage.

Le vol à la tire est le moins compliqué des mauvais coups. Le matériel qu'il nécessite se borne à un canif bien aiguisé ou, ce qui est préférable, à une lame de rasoir.

Comment on opère. — Le voleur à la tire est généralement jeune, vêtu avec élégance, sans affectation, d'une correction parfaite; il ressemble à Monsieur Tout-le-Monde; il se montre si aimable qu'on s'écarte pour le laisser passer; mais il n'en fait rien, et pour cause. Il varie ses tours à l'infini, soit qu'il saisisse l'occasion aux cheveux, soit qu'il étudie son coup à l'avance. Il opère tantôt dans la foule, tantôt dans des lieux solitaires. Méfiez-vous de ce gentleman souriant, sur le pied duquel vous venez de marcher, par inadvertance, croyez-vous.

— Pardon, monsieur, excusez-moi...

— Il n'y a véritablement pas de quoi. C'est ma faute, monsieur, croyez-moi...?

Dès que vous lui avez marché sur le pied, le jeune homme a poussé un petit cri de douleur et s'est laissé choir sur vous, imperceptiblement; puis, d'un coup de canif, il a fendu le bas de la poche intérieure de votre veston et, délicatement, a cueilli votre portefeuille. Vous ne vous en apercevrez probablement qu'en rentrant chez vous et vous vous souviendrez du proverbe : « Trop poli pour être honnête ».

Madame est en extase devant la vitrine du grand bijoutier; elle ne voit pas le monsieur qui s'approche d'elle ou, si elle le devine, elle fait semblant de ne pas le voir, persuadée que c'est un de ces importuns qui accostent toutes les femmes; mais l'inconnu n'en veut nullement à la vertu de la curieuse; c'est son sac à main, qu'il croit bien garni, qu'il vise. Après avoir, rapidement, d'un coup d'œil habitué, exploré l'horizon et s'être assuré que personne ne suit son manège, le fripon crie, tout haut :

— Ah! l'imbécile!!!

La dame surprise cherche autour d'elle l'imbécile qui a provoqué l'exclamation, pendant ce temps, d'une main adroite et sûre, le malfaiteur tranche les cordons du sac à main, enlève l'objet et disparaît. Si la dame, nerveuse, a l'intuition du larcin ou si le sac, trop lourd, a soulagé sa main au point de lui faire contracter le bras, si elle se retourne brusquement du côté du voleur, ce dernier, qui ne manque ni de sang-froid ni d'audace, s'élance sur le premier passant venu, lequel ne songe à rien, lui saute à la gorge et crie :

— Scélérat!... Filou!... Crapule!... Madame... il vous a pris votre sac!

L'objet du délit roule sur le sol, aux pieds des deux hommes... La foule s'amasse, le passant proteste; il est brutalement passé à tabac et livré aux agents. Le filou, profitant du désordre pour se rattraper de sa perte, fouille dans les profondes des citoyens dévoués, puis gagne le large.

Tout s'expliquera au poste, ou, plutôt, personne n'y comprendra rien; le seul témoin qui aurait pu éclairer la justice ne s'étant pas présenté.

Il serait fastidieux d'énumérer les mille façons de pratiquer le vol à la tire, il est le plus souvent déterminé par l'occasion qui, en l'occurence, si elle ne fait pas le larron, l'aide considérablement.

Ce malfaiteur qui a « ça » dans le sang, s'habitue à profiter de la moindre distraction de ses victimes; suivant l'expression de l'un d'eux : l'objet convoité tombe pour ainsi dire dans la main de celui qu'il tente...

Le plus souvent, l'aigrefin étudie longuement son coup, il rôde dans les banques, dans les grands magasins, dans les musées, dans les expositions, partout où se porte la foule, où se produisent des poussées, des encombrements, dans les endroits où l'on manipule de l'argent ou des marchandises de valeurs; il suit les opérations des clients et, lorsque son flair lui a désigné le malheureux susceptible d'être refait, il le file inlassablement, plusieurs jours de suite, s'il le faut. Quand le scélérat a bien envisagé toutes les chances de succès, il s'approche délibérément de sa victime et, soudain, d'un geste calculé, précis, rapide comme l'éclair, lui enlève la sacoche ou le portefeuille que le pauvre diable aurait mieux fait de tenir sous le bras ou de confier à sa poche. Le coup réussi, le fripon se retire, sans se presser, et pénètre dans un café proche, pour compter sa recette.

Il est de ces filous qui poussent l'audace jusqu'à se payer le plaisir d'une facétie. On a vu, dans le Métro, un pickpocket enlever une épingle en or à la cravate d'un voyageur, attendre l'arrêt du train et dire à la victime, au moment où les rames s'ébranlaient à nouveau :

— Le monsieur qui descend vous a volé votre épingle !

La victime porte la main à son cou, constate le larcin et se précipite à la poursuite de son pseudo-voleur, au risque de choir sur le quai et de se casser un membre. Quant au bandit, il reste tranquillement dans le wagon, à la recherche d'une autre dupe que son geste a rendu confiante.

Quand le filou opère avec un complice ou en

bande, le vol tourne à l'esbrouffe. Deux malfaiteurs adroits, qui s'entendent à merveille, peuvent réaliser des rafles fructueuses. On a vu des voleurs internationaux « travailler » sur les champs de courses, sur les grands boulevards à la Mi-Carême, dans les bals en plein vent, au 14 Juillet; mais ces coups-là, renouvelés de Cartouche, sont plus fréquents en Amérique qu'à Paris.

Les vols de montres et de chaînes étaient devenus si fréquents, il y a quelques années, qu'un commerçant avisé lança la rondelle en caoutchouc qui retenait la montre à la doublure de la poche, lorsqu'on la tirait violemment; puis, vint le crochet qui rendit impossible la soustraction de l'objet. La mode des montres étant passée, on risque moins aujourd'hui de perdre sa montre.

Il reste quantité d'autres objets pour tenter la cupidité des malfaiteurs, au point qu'il n'y a pas de chômage dans la profession.

C'est grâce aux précautions que l'on prend qu'on arrive à faire pincer les malfaiteurs.

L'inspecteur de police Michaud, qui s'était fait une spécialité de la capture des voleurs à la tire, avait, sans le secours d'ingénieurs, inventé des appâts et des hameçons pour gredins; il se maquillait en garçon livreur, en encaisseur, en garçon de banque, ou bien il se faisait précéder d'une indicatrice couverte de fourrures et de bijoux faux. Les portefeuilles, sacoches, caissettes, breloques, tous les objets susceptibles d'être volés, qu'il portait sur lui, il les truquait; par exemple, la sacoche était retenue à son veston par un fil de laiton invisible, un crochet imperceptible.

L'homme de police allait ainsi, flânant dans les rues, s'arrêtant devant une palissàde pour lire attentivement une affiche ou s'étendant sur un banc public, pour y dormir, en ronflant avec ostentation, comme s'il cuvait plusieurs apéritifs.

Le filou, ne se doutant de rien, croyant trouver une proie facile, se jetait sur le dormeur et lui arrachait la précieuse sacoche qui ne renfermait que de vieux journaux. La sacoche venait facilement, mais elle entraînait, avec elle, l'inspecteur, réveillé en sursaut :

— Eh ben! mon colon, s'écriait le volé, il ne faut pas te gêner?

— C'est une plaisanterie!

— Connu, connu, mon petit, tu es fait... Je suis agent de police, il y a beau temps que je te guigne. Allez, oust! au poste! et pas de manières surtout, sinon gare la casse!

Ce qui se traduit par : J'ai les poings solides et un boudin en caoutchouc dans ma poche.

Le voleur à la tire qui, s'il s'était trouvé en présence d'un patient quelconque, s'en serait tiré avec de l'à-propos, sait qu'il n'a qu'à obéir; il se garde bien de rouspéter et suit docilement l'inspecteur de police. A l'instruction, il ne songera même pas à se défendre, il est beau joueur, il se révólera psychologue et dira :

— Si je vole, c'est la faute du public qui ignore les principes les plus élémentaires de la prudence. Croyez-vous que j'aurais volé cette dame si elle avait soigneusement tenu son sac dans sa main droite, au lieu de le poser négligemment sur un banc pour faire disparaître un pli de son bas gauche? Il ne me serait jamais venu à l'idée d'enlever le portefeuille de cet encaisseur, s'il ne l'avait pas abandonné, deux secondes, sur la tablette du guichet du bureau de poste, pour acheter un timbre et le coller sur une enveloppe? Pourquoi ce monsieur, pour payer une consommation, a-t-il sorti un portefeuille bourré de billets de banque qu'il a remis ostensiblement dans la poche non fermée de son veston, où il bombait et dessinait la ligne que ma lame de rasoir devait fendre? Pourquoi ce voyageur place-t-il ses bijoux et ses valeurs dans une mallette qu'il est obligé de poser à chaque instant sur le sol ou sur une table pour prendre son billet, pour acheter un journal ou pour aller au cabinet? Si je n'avais pas été tenté par les sans-soucis, je ne serais jamais devenu voleur. Nos victimes ne sont pas à plaindre, elles n'ont qu'à s'en prendre à leur imprudence si elles sont dépouillées.

Il y a du vrai dans l'excuse de l'aigrefin.

LE VOL AUX REPARATIONS

N'a jamais assuré la fortune de ceux qui l'ont pratiqué; c'est un larcin de miteux.

Un individu, vêtu en ouvrier ou simplement comme vous ou moi, se disant envoyé, soit par un patron, soit par une administration, se présente chez les particuliers et déclare qu'il vient vérifier la conduite d'eau ou essayer les appareils téléphoniques.

S'il se sent surveillé, il jette un rapide regard sur la conduite d'eau et se retire, en disant :

— Tout va bien!

Si on le laisse seul, il visite toutes les pièces et fait main basse sur un objet d'art, sur une pendule, sur une montre, sur un porte-monnaie, sur une bouteille de fine, s'il ne cueille pas autre chose; tout lui est bon.

Puis, la récolte réalisée, il part, sans dire au revoir à personne.

Un de ces fripons réussit, une après-midi, un coup superbe, dans le temple même de la justice, à Paris.

Une Chambre correctionnelle était en plein rendement, on y jugeait un individu accusé de violation de domicile. Le président procédait à l'interrogatoire du prévenu, quand un ouvrier, en blouse blanche, portant une échelle sur le dos, pénétra dans la salle d'audience, monta sur l'estrade du Tribunal et plaça son échelle contre le mur.

Le président suspendit la séance et interrogea du regard l'ouvrier.

Sans s'émouvoir et sans prononcer un seul mot, ce dernier montra la pendule au magistrat.

— Elle ne marche donc pas? questionna le président.

L'ouvrier, qui devait être muet, fit de la tête un signe négatif.

— Tiens! je ne m'en étais pas aperçu! affirma le magistrat.

Et il dit à l'ouvrier :

— Allez-y...

Le monte-en-l'air grimpa sur son échelle, décrocha la pendule, la mit sous son bras gauche, redescendit, rechargea son échelle sur son épaule droite et se retira, en saluant, toujours en silence.

L'audience fut reprise.

Quinze jours après, le président ne voyant pas revenir sa pendule et bien qu'il eut une montre, réclama au Matériel.

— Votre pendule? lui fut-il répondu; mais elle marchait à merveille et personne n'a donné l'ordre de l'enlever.

Elle avait été volée.

On la retrouva au Marché aux Puces de Saint-Ouen.

*
**

Le grimpeur. — Il a une prédilection pour les sixième ou septième étage. Vous l'y surprenez, embarrassé, gauche ; il vous demande :

— Mademoiselle Léonie, s'il vous plaît?

— Je ne connais pas.

— C'est une bonne.

— Demandez au concierge.

Il se gardera bien de demander au concierge, parce qu'il sait pertinemment que Mᵐᵉ Léonie n'existe pas. Il ne vient pas pour voir la bonne, il est là pour cambrioler. S'il est dérangé, il ira ailleurs opérer avec plus de sécurité ; si personne ne le dérange, il va frapper à toutes les portes ; il y a des chances pour que l'étage soit désert ; à cette heure-là, tout le monde travaille. Certain, à présent, qu'aucune occupante des chambres ne sortira pour lui demander ce qu'il désire, il sort des clés de sa poche, les essaie, ouvre et pénètre dans la pièce où il prend des vêtements, fracture les malles, palpe les matelas pour voir s'ils ne renferment pas une cachette.

S'il est surpris en plein travail, alors, tant pis, il frappe, il étourdit, il tue. Il fait comme ce figurant du Châtelet qui, voyant se dresser devant lui une domestique armée, fait feu sur elle et l'étend raide morte à ses pieds.

En été, pendant les villégiatures, le grimpeur sonne aux étages inférieurs, au premier, au second, et tente le coup ; si on ne lui ouvre pas, il fracture la porte d'entrée avec une pince-monseigneur et opère une rafle.

C'est ainsi qu'une nuit, un grimpeur ayant trop forcé sur un bec de canne, la porte s'ouvrit, il entra, mais un chien, l'ayant flairé, jappa ; il tua le chien. La bonne, ayant perçu le râle de l'animal, accourut et fut assommée d'un coup de pince-monseigneur. Le malfaiteur aurait bien voulu fuir, mais la patronne, ayant entendu du bruit, ouvrit la porte du salon pour voir ce qui se passait ; le grimpeur s'élança sur elle et il allait, sans doute, lui faire subir le sort de la bonne quand le fils parut et maîtrisa le misérable.

Aux assises, le bandit fit cette cynique réponse :

— Je n'étais pas venu pour tuer. Tout ça, c'est la faute du chien.

La lâcheté des gens. — Si les vols, dans les chambres de bonnes, sont si fréquents, et même ceux dans les appartements, c'est que la peur est le plus sûr complice du grimpeur. Dans plus de cent cas, les vols auraient pu être évités avec un peu de sang-froid.

Au moindre bruit, celui qui entend devrait ouvrir une porte ou pousser un cri afin de prouver que l'étage n'est pas complètement solitaire ; au lieu de cela, les occupants ont une telle crainte qu'ils se gardent bien de tousser, de remuer ou de sortir dans le couloir. Ils s'enferment, se calfeutrent chez eux sans songer à donner l'éveil.

Que le voisin s'arrange comme il le pourra, moi je sauve ma peau !...

Remarquez bien ceci, c'est que, la plupart du temps, le grimpeur est encore plus « froussard » que le locataire et que, si ce dernier sortait, se montrait, le monte-en-l'air se jetterait à ses pieds pour implorer grâce, dire qu'il est père de famille et dans la misère.

Le véritable grimpeur est un scélérat qui prend ses précautions et ne se met en route qu'avec la certitude qu'il pourra opérer librement ; il vient au moins deux fois de suite dans la maison qu'il veut cambrioler, la première il tâte le terrain, explore les lieux et s'assure qu'à certaines heures tel étage est déserté par ses habitants.

La concierge elle-même le renseigne, croyant avoir affaire à un fournisseur. Le grimpeur Beaupoté se faisait passer pour inspecteur de police et, sous le prétexte d'une demande de distinction honorifique, de secours ou d'héritage, arrivait à savoir exactement les allées et venues, les heures de sorties et les habitudes des locataires dont il préparait le déménagement clandestin.

Un hasard le fit pincer. Il avait jeté son dévolu sur le septième d'un immeuble de la rue du Quatre-Septembre, il savait qu'à partir de deux heures et demie les trois locataires de l'étage étaient dans le magasin où elles travaillaient et que les cinq domestiques qui couchaient là-haut ne pouvaient quitter leurs cuisines ou le salon de madame. Il ne pouvait se douter que Rosalie, la bonne du premier, ayant été surprise par la patronne dans les bras du patron, venait d'être chassée.

A deux heures quarante minutes, elle était donc en train de faire sa malle, quand Beaupoté, muni de ses instruments de travail, frappa, pour plus de sécurité, à la porte de la chambre de Rosalie. Craignant que ce ne fût la patronne qui venait venger son honneur outragé, la bonne resta muette. Le grimpeur essaya ses fausses clés, Rosalie se cacha sous son lit, prête à saisir la patronne par les chevilles et à la jeter, par terre.

Le grimpeur entra, trouva la malle presque pleine, se servit, se retira et pénétra dans la chambre à côté. Alors, sans perdre son sang-froid, Rosalie, en rampant, gagna la porte et, sans bruit, sur la pointe des pieds, descendit pour aller prévenir la concierge.

Surpris en train d'opérer dans une dernière chambre, le grimpeur, apercevant dix voisins armés de gourdins, de revolver et même, l'un d'eux, d'une lance coloniale peut-être empoisonnée, cria:

— Grâce! je ne suis pas armé.

Il n'eut que trois dents cassées, un bras rompu et un œil crevé.

LE VOL A L'OBJET TROUVÉ

— Chaque fois qu'une personne vient se plaindre d'avoir été victime de ce vol, m'a dit souvent le commissaire de police Labat, j'ai toujours l'envie de la coffrer pour lui apprendre ce que c'est que la probité.

Qui n'a pas été sollicité, au moins une fois, par un de ces individus mal mis, lesquels rôdent, le soir, devant les théâtres et les salles de spectacle ?

Quand il a choisi sa proie, le loqueteux se baisse vivement, ramasse un objet : bijou, bague, épingle, montre, qui gît sur le sol, dans la boue, le cache soigneusement sous son veston déchiré, se dirige sous un bec de gaz ou sous une lampe électrique et examine sa trouvaille. Soudain, sa face s'illumine, il esquisse une mimique de joie, puis rejoint le naïf qui a suivi ses mouvements, sans les comprendre sans doute.

Le miséreux, tout en ouvrant à peine la main qui dissimule la bague, propose à voix basse :

— Part à deux ?

Et comme le témoin n'a pas compris, l'individu précise :

— Je viens de trouver cette bague...

— Il faut la rendre.

— C'est ça, pour me faire pincer, je dois un

mois à la tôle pour injures à un agent. J'aime mieux la bazarder. Voulez-vous me dire ce qu'elle vaut?

Le passant se laisse convaincre, prend l'objet que lui abandonne le loqueteux, l'examine à son tour. C'est une bague ornée d'une pierre; pour celui qui ne s'y connaît pas, la monture peut être de l'or; la pierre, un brillant.

— Elle est belle? remarque le vagabond. Si j'essaie de la vendre, on croira que je l'ai volée? Je vous la laisse.

— Je n'en veux pas.

— Vingt francs, elle en vaut plus de cent?

— Qui me le prouve?

— Mettons dix francs et n'en parlons plus.

— Tenez, voilà votre bague.

— Cent sous, cinq francs... Je n'ai pas mangé depuis hier. Vous n'allez pas me laisser crever de faim pour cent sous.

Le sollicité, devant de tels arguments, marche de son billet. Il ne se doute pas qu'en acceptant l'offre du vagabond, si la trouvaille est réelle, il se rend complice d'un vol par recel. Un objet trouvé doit être déposé dans les douze heures, au plus tard, à la Préfecture de Police ou à la Mairie, en province; l'objet trouvé ne devient la propriété de l'inventeur que s'il n'est pas réclamé au bout d'un an et un jour, et encore, si, pour des causes indépendantes de sa volonté, le propriétaire de l'objet perdu se révèle, il peut rentrer en possession de la chose, contre une indemnité.

Un châtiment plus prompt attend le preneur. La bague vaut cinquante centimes; elle n'a jamais été perdue; le loqueteux l'a achetée dans le quartier du Temple. Il a fait une bonne affaire. Le volé ne peut même pas porter plainte, ou, s'il l'ose, il risque fort de se faire sévèrement admonester.

Ce vol ne se pratique pas seulement aux portes des théâtres, il a des adeptes sur les plages mondaines, dans les villes d'eaux, à la mer et à la montagne, dans tous les endroits fréquentés par des gens fortunés, partout où il y a des mauvais coups à tenter. Un fripon habile arrive à faire coup double.

Un exemple :

A la terrasse d'un grand café situé à l'entrée d'un casino méditerranéen, la femme d'un commerçant parisien écoutait l'orchestre, quand un monsieur vint s'asseoir à la table voisine.

Ce dernier, après s'être fait servir une consommation, poussa une exclamation et, montrant du bout de sa canne un objet brillant qui gisait au pied d'une chaise, il demanda, avec un fort accent levantin :

— C'est vôtre, madama?

La Parisienne fit signe que non. L'étranger ramassa l'objet et poussa un ah! significatif, puis ajouta :

— C'être una perle bien jou joulie?

Ayant tourné et retourné la perle dans ses doigts, il la montra à la Parisienne, en questionnant encore :

— Madama, il être bijoutière?

— Non, monsieur répondit-elle.

— Prenez-la... Regardez : elle est joulie, tant joulie...!

La dame prit l'objet et le soupesa :

— Ci vaut beaucoup d'argent? reprit le métèque.

— Je l'ignore.

— Ji crois, moi, di l'or, non, di diamant...

A ce moment, un autre consommateur qui, de loin, avait suivi le manège des deux hivernants, s'approcha et dit :

— Je vous demande pardon, mais je crois comprendre que vous désireriez connaître approximativement la valeur de l'objet que vous avez en main et qui me semble être une perle?

— Parfaitement, répondit la dame.

— Je suis bijoutier.

— Bono! bono! s'écria l'étranger.

Le bijoutier, ou qui prétendait l'être, se fit remettre la perle, l'examina à la loupe, la mira au soleil, se prit le menton dans sa main gauche, puis se gratta le crâne et, après une longue réflexion, déclara sentencieusement :

— Elle vaut dix mille francs!

— La dame qui l'a perdue doit la regretter! fit remarquer la Parisienne.

— Elle a dû tomber du collier d'une Américaine qui, hier, a perdu deux millions à la roulette...

— Sait-on où elle est descendue?

— L'Américaine est repartie pour Paris.

— Comment savoir son adresse?

— Vous avez tort, madame, de vous créer des soucis pour une Américaine. Qu'est-ce pour elle

que la perte d'une perle? Quand elle s'en aperce-
vra, elle ira chez un joaillier et en achètera une
autre, plus chère.

— Vous croyez?

— Je vous dis que cette dame doit être persuadée que sa perle est écrasée. Si je l'avais trouvée, moi, je la ferai monter sur platine et j'en
ferai cadeau à ma femme.

— Si on la reconnaît?

Le bijoutier éclata de rire.

— Comment voulez-vous qu'on la reconnaisse,
quand elle sera transformée en bague ou en boucle d'oreille?

Le bijoutier se retira après avoir remis la bague
à la Parisienne; cette dernière la tendit à l'étranger qui la repoussa :

— Moi, dit-il, ji souis vénou ici pour jouer. Li
Mont-de-Piété il être bouclé. Gardi li perle.

— Mais non, elle est à vous; c'est vous qui
l'avez trouvée?

— Ji va repartir pour Alexandrie. Ji vous la
donne.

— Je la refuse, Monsieur, je n'ai rien à recevoir
de vous que je ne connais pas.

— Donni-moi mille francs et vous ni devrez
rien à moi?

— Je n'ai que trois cents francs sur moi!

— Va pour trois cents.

La Parisienne versa la somme que le métèque
empocha; mais avant de se retirer, il voulut absolument connaître l'adresse de la dame, afin, af-
firma-t-il, de lui rendre les 300 francs lorsqu'il
serait en fonds.

Elle eut la sottise de la lui donner. L'étranger entra au Casino et elle ne le revit plus.

Le hasard voulut qu'elle fit la connaissance, le lendemain, d'un bijoutier, un vrai, celui-là, qui connaissait son mari; elle lui montra la perle; l'homme du métier n'eut pas de peine à constater que le morceau de verroterie ne valait pas deux francs.

— Combien avez-vous payé cela, madame? lui demanda-t-il.

— Trois cents francs.

— Vous avez été volée.

La Parisienne se garda bien de dévoiler dans quelle circonstance elle avait fait l'acquisition.

Les deux filous qui avaient si habilement dévalisé la Parisienne ne se contentèrent pas de leur succès; ils résolurent de faire chanter leur victime et, pour ce, déléguèrent auprès d'elle un troisième complice. Ce dernier se présenta au domicile de la commerçante et lui annonça :

— Je suis commissaire de police. J'ai reçu d'une dame W. Harrisson une plainte en vol d'une perle estimée dix mille francs. Cette perle a été dérobée, à l'Américaine, par un Egyptien du nom de Mémed Ali qui vient d'être arrêté et a fait des aveux complets. Vous me comprenez?

— Non, monsieur.

— Il faut vous mettre les points sur les i?

— Je ne connais pas l'Egyptien Mémed Ali.

— Il affirme vous avoir vendu la perle volée!

— Il ne l'avait pas volée, il l'avait trouvée devant moi.

— De toute façon, cette perle est en votre possession, vous êtes complice de vol par recel, car un objet trouvé qui n'est pas rendu est volé.

— Que dois-je faire?

— Rembourser les dix mille francs.

— Je vais rendre la perle.

— Vous n'en serez pas moins poursuivie. Quant à l'Américaine, elle ne veut plus d'une perle qui a été portée par une autre personne et, fort probablement, remplacée par une fausse.

— Soit, je verserai les dix mille francs.

— Si vous voulez me confier la somme, je me fais fort de faire retirer la plainte et j'arrêterai les poursuites puisque c'est moi qui ai la procédure?

— Je n'ai pas l'argent sur moi. Revenez demain, à la même heure, avec un reçu et un désistement en règle.

Le lendemain, à l'heure convenue, le faux commissaire se présentait; il était aussitôt arrêté par deux inspecteurs de police. Le maître chanteur était un repris de justice du nom d'Adrien Coulmat, condamné cinq fois pour vol à la tire. Ses deux complices furent capturés le lendemain, ils faisaient partie d'une bande de voleurs internationaux qui écumaient les villes d'eaux.

LE VOL A L'INSPIRATION

Ainsi dénommé parce qu'il est suggéré par un incident à un individu qui, sans cela, n'aurait sans doute jamais volé de son existence.

Voici un cas curieux de cette suggestion de vol :

Le 31 juillet 1885, vers 9 heures du matin, la circulation était interrompue rue Bergère et rue de Trévise; un service d'ordre avait été organisé par la police, dans la rue du Faubourg-Montmartre, pour refouler les curieux qui se massaient sur les trottoirs et la chaussée.

Une foule élégante, où l'élément féminin dominait, avait envahi ce point central de Paris, elle emplissait les deux voies précitées, depuis le faubourg jusqu'à la rue de Rougemont, débordant son trop-plein dans les cités Bergère et Rougemont, atteignant son intensité à l'angle des rues de Trévise et Bergère, devant le numéro 24 de cette dernière. La porte cochère que ce numéro désignait était drapée de tentures noires, surmontées d'un écusson portant les initiales: A. S.

Devant cette porte endeuillée stationnait un corbillard qui se couvrait de couronnes mortuaires et de fleurs naturelles ou artificielles.

Quel personnage important? quel savant? quel

politicien connu? quel honnête homme? quelle femme illustre recevait ainsi l'hommage d'un tel empressement? Quel service éminent avait rendu, à l'humanité, le citoyen disparu, pour qu'une telle affluence vînt témoigner, devant son cercueil, de la reconnaissance publique...?

Une fille galante assassinée!... C'était une victime de l'amour vénal que le Tout-Paris de la débauche allait conduire à sa dernière demeure pour y dormir un sommeil qu'aucun baiser n'interromprait plus. Jamais on n'avait vu cela!...

D'autres femmes, et combien! depuis le début du siècle, avaient été brutalement arrachées à la vie, soit par un détrousseur de rencontre, soit par un maniaque du crime, soit par un sadique. Toutes étaient parties de la Morgue, après l'autopsie légale, accompagnées seulement de quelques fidèles, quelquefois par des parents, souvent par deux inspecteurs de police en service commandé.

Un mouvement inexpliqué, une explosion de sympathie — dans le monde spécial auquel elle appartenait s'entend — avait éclaté à l'annonce de l'assassinat de « Madame Hélène ».

La police y devinait une protestation contre son impuissance à découvrir les coupables; la presse, une réaction contre la fréquence des assassinats de malheureuses sans défense; les philosophes, l'esprit de conservation d'une masse de réprouvés qui se révoltaient contre l'injustice de la société à leur égard.

C'était en effet tout cela et autre chose qui provoquait la manifestation spontanée du monde interlope des plaisirs tarifés.

Pourtant, le crime de la rue Bergère était des plus banal, il comptait comme le quatre-vingt-deuxième perpétré dans les mêmes conditions depuis la Restauration. On avait assassiné des filles galantes : rue Mercier, rue de Rome, rue Rodier, rue Condorcet, passage Saulnier, tout autour de la rue Bergère, et rien, dans le passé de la morte, ne la désignait pour une apothéose.

Madame Hélène, qui s'appelait en réalité Agathe Stein, était une Alsacienne très blonde et fort jolie, âgée de 32 ans; elle occupait, au quatrième étage de l'immeuble portant le numéro 24 de la rue Bergère, un appartement d'un loyer annuel de 900 francs. Agathe Stein avait été assassinée dans la nuit du 15 au 16 juillet et son cadavre n'avait été découvert que le 25 du même mois. L'assassin l'avait étranglée avec un foulard qu'il avait serré au point de faire craquer l'étoffe; puis il avait caché le corps entre le mur et le lit et avait jeté dessus un canapé.

La police attribua le crime à un nommé Broemer, compatriote de la demoiselle Stein. On prétendit que le misérable, ayant mis dans une malle en bois de couleur noire les bijoux, le linge et les vêtements de la belle Hélène, avait, nouveau Juif Errant, parcouru, sans être inquiété, une partie de la France, portant la malle sur son dos. Comme si cela était vraisemblable! Pourtant, un juge d'instruction, M. Guillot, l'a consigné dans sa procédure. Il n'était pas difficile.

Pour en revenir aux obsèques scandaleuses d'Agathe Stein, ajoutons qu'un généreux anonyme avait fait ramener, à ses frais, le corps de la victime au numéro 24 de la rue Bergère.

Le char funèbre, littéralement couvert de fleurs et de couronnes aux inscriptions multiples et éloquentes, quitta la maison mortuaire, suivi d'une voiture de deuil vide et escorté d'une foule énorme. Le cortège se dirigea vers l'église Saint-Eugène, dans l'intérieur de laquelle tout le monde ne put trouver place. L'assistance suivit avec un recueillement profond la cérémonie religieuse. Le *Dies iræ*, notamment, fit couler des torrents de larmes féminines. Cette foule bizarre, composée de tout ce que Paris comptait de gens sans aveu, de lénons, de pensionnaires de maisons hospitalières, donna le spectacle étrange d'une piété et d'une correction qui, malheureusement, ne devaient pas avoir de lendemain. Le curé de Saint-Eugène disait à ce propos :

— Depuis longtemps, je n'avais constaté une pareille explosion de sentiment religieux.

Le cortège, après avoir quitté l'église, se dirigea vers le cimetière de Batignolles-Clichy, où un assistant eut l'audace de prononcer une oraison funèbre que ceux qui l'entendirent trouvèrent bien tournée.

Pendant le trajet de l'église au cimetière, des curieux s'étaient mêlés aux assistants. Parmi ces derniers figurait un jeune homme de bonne famille, un peu naïf, mais joyeux viveur, que ses parents avaient dû réduire à la portion congrue; il se nommait Vincent Lefoin et ses compagnons de plaisir l'avait surnommé le baron.

Le jeune Vincent avait pénétré dans le cortège

parce qu'il y avait aperçu, aux premiers rangs, Mme Victorine, qui tenait une maison meublée, rue Rodier. Victorine causait naturellement du crime avec sa voisine, une artiste chorégraphique, Mlle Rose. La vieille prétendait que l'assassin de la belle Hélène n'était autre que le fameux Philippe l'Etrangleur que la police affirmait avoir été guillotiné, en 1867, et qui vivait toujours.

— Tout cela, déclara Vincent, c'est de la blague! Philippe, l'homme aux yeux verts, n'existe pas; il est le produit de l'imagination de ces folles en délire, lorsqu'elles ont bu toute la nuit.

— Je t'affirme qu'il vit, en chair et en os, insista Victorine.

— Ta... ta... tatata. Il reste un fait brutal, c'est qu'Hélène a été assassinée pour ses beaux yeux, puisque le bandit lui a laissé ses bijoux.

— On l'enterre même avec, affirma Victorine.

— Pas possible? s'écria Rose.

— Oui, ma chère.

— C'est idiot! protesta Vincent.

— Nous n'y pouvons rien, déclara Victorine.

— Elle en a beaucoup?

— D'abord, ceux qu'elle portait toujours sur elle, puis ceux qu'elle avait dans son armoire.

— Tu avoueras que ce n'est pas malin de flanquer dans un trou des bijoux; ils vont se détériorer.

— L'or, ça ne rouille pas.

— Alors, elle emporte des bagues, des colliers, des boucles d'oreilles ?

— Ce n'est pas tout. Des amis ont apporté des

broches, des épingles, des sautoirs, que sais-je?...

— Il y en a pour combien?

— Pour sept millions...

Victorine avait dit sept millions comme elle aurait dit onze; le chiffre de sept lui était venu, parce que, le matin même, elle avait loué une chambre numéro 7 à une jeune fille; elle ignorait totalement si on avait mis ou non des bijoux dans la bière; mais elle l'affirmait, pour paraître renseignée. Rose comme Vincent croyaient ferme ce qu'elle avançait.

— Alors, protesta le faux baron, cette fortune va rester enfouie et improductive, quand il y a tant de pauvres bougres qui la crèvent?

— Oui, mon cher.

— Zut alors!

— Pas pour tout le monde...

— On ira les voler?

— Non.

— Qui les aura?

— MM. les fossoyeurs. Quand, dans cinq ans, la concession d'Hélène, au cimetière, sera prescrite, on enlèvera les ossements et le fossoyeur qui aura trouvé le magot le gardera.

— Demain, je me fais fossoyeur.

— J'en ai connu un qui est mort millionnaire.

— Mais! mais! mais!... s'exclama Vincent Lefoin.

Il se tut, car il mijotait un plan. Puisqu'on devait, un jour ou l'autre, mettre la main sur les bijoux, pourquoi ne les prendrait-on pas tout de suite? Pourquoi ne serait-ce pas lui, Vincent, qui les subtiliserait? Il en profiterait comme cela...

lui et les siens... Sept millions... En admettant qu'il n'en retirât qu'un seul... c'était la fortune..., la vie à grandes guides... châteaux... chevaux... voitures... hôtel particulier, tout le tra la la...

— Bon sang de bon sang! s'écria Vincent, du coup je deviens baron pour de bon... Quel foin dans Paname!

D'abord, il donnerait 100.000 francs à l'hôpital des aveugles, car il avait une grande pitié pour ceux qui ont perdu la vue; puis il épouserait la fille du marchand de vin de la place du Delta, qui était une riche nature.

Vincent, se croyant déjà en possession du magot, faisait des projets mirifiques. Le cortège pénétra dans le cimetière. Il suivit le cercueil jusqu'à la fosse, défila, comme tout le monde, devant le trou, fit le signe de croix avec le goupillon et jeta une fleur sur la bière; il crut même devoir essuyer une larme absente, puis il se retira à l'écart et laissa s'écouler la foule.

Quand tous les assistants eurent disparu, il vint constater que les fossoyeurs étaient eux-mêmes partis et se rendit compte des dispositions du terrain. La bière allait rester toute la nuit à découvert, elle pouvait donc être facilement ouverte et refermée.

Vincent crut devoir quitter les environs de la fosse; il fit le tour de la nécropole, pour réfléchir... Bientôt, il ne se sentit plus aussi sûr de lui... le cimetière lui produisait une impression de terreur et de respect qui le remuait. Allait-il oser?

C'est que Vincent avait été élevé dans des sentiments religieux. Les contes de sa grand'mère, les soirs d'hiver, au coin du feu, avaient peuplé son cerveau de revenants, de démons, de flammes d'enfer. Ces choses paraissent folles; mais, dans les grandes circonstances, elles reviennent, surtout les soirs d'enterrement...

« Allons, tu n'es pas un gosse! » se dit Vincent.

Pénétrer dans le cimetière, en sautant le mur, était jeu de gamin, mais pouvait présenter des inconvénients; il était préférable de se laisser enfermer dans la nécropole et d'attendre l'heure propice de profaner la tombe.

Tout en mûrissant son infâme projet, Vincent cherchait un monument solitaire où il put, à l'aise, s'étendre, s'asseoir et attendre. Il remarqua une chapelle dont la grille était ouverte. Il y pénétra et s'y enfonça; puis il resta debout, les yeux fixés sur l'allée où ne passait personne.

La nuit lugubre tomba dans le silence poignant de la nécropole au milieu des croix de bois et des pierres blanches. Une voix, qui lui parut sinistre, cria dans le lointain :

— On ferme!

Une cloche tinta à l'entrée du cimetière et le son qu'elle rendit parut plaintif et larmoyant au sacrilège.

Vincent n'avait pas dîné... Il eut faim, son estomac tirailla... Les minutes lui parurent des heures et les heures des siècles... La nuit fut sans étoiles, pleine de cauchemars, de cris, d'appels, de plaintes et de prières... Il lui sembla que des dalles se dressaient, que des ombres surgissaient des caveaux béants, pour s'aligner en cortège et exécuter une longue procession, avec des chants tristes comme des *requiem*.

Puis ce furent des squelettes drapés dans des linceuls qui défilèrent en rang, lentement, armés de faux, de torches, de flambeaux, de bannières lumineuses... Ces squelettes se mirent à tourner autour de la chapelle et à esquisser une danse macabre coupée de bruits divers, de miaulements, de sifflements, de cris de détresse, de râles, d'appels désespérés... Il crut entendre le *Dies iræ* exécuté par un orgue invisible qu'accompagnaient des voix de femmes et d'enfants.

Les ombres s'approchèrent peu à peu de la chapelle et vinrent le frôler... Vincent claqua des dents... Il eut la sensation d'être enveloppé dans des suaires... Un doigt maigre, décharné, froid comme une pointe d'acier, s'appuya sur son front... Il chancela et tomba plutôt qu'il ne s'assit sur des couronnes de perles.

Au moment précis où sa base s'appuyait sur les rondelles de verre et les faisait craquer, provoquant un bruit qui lui parut formidable, il ressentit une douleur étrange à la jambe gauche, comme si on lui enfonçait des clous dans les chairs... Il se redressa vivement. Les couronnes de perles, sur le sol, remuèrent, comme si elles avaient été poussées par une force ignorée; un souffle, pareil à celui d'un félin qui se défend, parvint à ses oreilles... Sa jambe gauche fut de nouveau déchirée violemment par une griffe mystérieuse, acérée et puissante... les couronnes glissèrent les unes sur les autres, troublant l'effrayant silence de la chapelle mortuaire d'où les ombres s'étaient brusquement évanouies... Quelque chose de doux comme de la fourrure lui frôla la main droite, et un corps rond, noir, projetant devant lui deux éclairs jaunes, bondit à la hauteur de la poitrine du patient, puis disparut sur la croix voisine qu'il renversa.

Vincent n'osa plus bouger; il crut qu'un revenant l'avait mordu. Les deux parties blessées lui cuisaient douloureusement. Il s'évanouit...

Réveillé par la fraîcheur du matin, au petit jour, il se glissa hors de la chapelle et gagna, en rampant, une allée où il fut happée par la solide main d'un gardien. Conduit au poste, il avoua tout. Un médecin constata que les égratignures qu'il portait à la jambe gauche avaient dû lui être infligées par un chat couché sous les couronnes et sur lequel il avait dû s'asseoir.

Jamais plus Vincent ne songea à déterrer un cadavre pour lui dérober ses bijoux.

Ravachol eut moins de terreur lorsqu'il enleva ceux de feu la baronne de Rochetaillée.

LE VOL A LA BROQUETTE

La femme d'un ministre en fut la victime, dans
un grand magasin de la rue de Provence. Quand
elle en parla au préfet de police, celui-ci répondit:

— Moi-même j'y ai été pris, à Lille.

Les filous qui pratiquent la « broquette » choi-
sissent, de préférence, les endroits fréquentés,
tous les points où il faut payer, soit pour entrer,
soit pour faire des achats. Au moment de régler,
ils se fouillent et s'écrient :

— Zut! j'ai oublié mon porte-monnaie... à
moins que je ne vienne d'être volé!...

La personne qui se lamente est généralement
élégante, aux manières affables. Il se trouve toujours, dans l'assistance, des gens complaisants
qui offrent un prêt immédiat de dix ou vingt
francs; mais l'escroc refuse, s'excuse... il a besoin d'une plus forte somme; finalement, il offre,
en garantie d'un prêt, une montre, une bague. Un
naïf avance cent ou deux cents francs. Le prêteur
lui donne son nom et son adresse — ceux d'une
personnalité connue.

Quelques jours après, le prêteur, ne voyant pas
reparaître son débiteur, va à l'adresse indiquée
où il apprend qu'il a été victime d'un escroc. La

montre confiée en garantie est en cuivre doré, inutilisable et sans aucune valeur.

Un vol de ce genre provoqua un incident regrettable. La personne obligeante qui avait prêté cinquante francs au voyageur momentanément gêné, dans un autobus Gare Saint-Lazare-Place Saint-Michel, se rendit donc à l'adresse qui lui avait été donnée. C'était celle d'un commerçant de la rue d'Amsterdam. Ce dernier ressemblait comme deux gouttes d'eau à l'escroc, au point que le visiteur s'y trompa.

— Monsieur, vous en prenez à votre aise! C'est à désespérer de rendre service aux gens!...

— Que voulez-vous dire? protesta le commerçant.

— Vous le savez bien! Ne faites pas l'idiot.

— Je vous prie d'être poli, monsieur!

— Et moi, je vous somme de me rendre mes cinquante francs!

— Je ne vous dois rien; je ne vous connais pas.

— Vous avez de l'audace!

— Vous commencez à m'agacer. Filez ou je vous botte le derrière.

— Je voudrais bien voir ça!

A peine le monsieur obligeant avait-il exprimé le désir de voir le commerçant mettre sa menace à exécution, qu'il recevait un magistral coup de poing sur l'œil droit. Le visiteur répliqua par un direct sur les gencives. Les deux adversaires se seraient massacrés si des clients et le personnel du magasin ne les avaient séparés.

Tout s'expliqua au poste de police.

LE VOL AU RENDEZ-MOI

Il a été importé, paraît-il, d'Orient, par des gitanes, du temps dés Croisades; c'est dire qu'il est bien vieux et, pourtant, il se pratique toujours... Il est moins facile avec le papier-monnaie qu'avec la monnaie métallique.

Une cliente entre dans un magasin, achète un objet quelconque et dit :

— Je n'ai qu'un billet de cent francs, avez-vous de la monnaie?

— Je vais voir, répond la marchande.

Si cette dernière ne fait pas bien attention, la cliente lui passe un billet de cinquante, au lieu d'un de cent.

Ou bien la visiteuse compte sa monnaie, substitue adroitement un billet de cinq à un de dix et s'écrie, la main ouverte :

— Vous vous êtes trompée, madame, il me manque cinq francs.

Il n'y a qu'à s'exécuter, car le coup a été fait devant témoins qui n'ont pas vu la main se refermer et, de bonne foi, affirment qu'il y a erreur.

La police a arrêté des femmes qui, au cours d'une seule matinée, ont réussi le coup dans dix-sept magasins des environs des Halles.

Le commissaire spécial de la Gare de l'Est a pu mettre la main sur un nommé Lertz, âgé de vingt-six ans, repris de justice, qui a vécu, pendant deux mois, du vol au rendez-moi. Il stationnait dans la salle des Pas-Perdus de la gare et, sous le prétexte de faire de la monnaie à des voyageurs, subtilisait des sommes assez importantes.

*
* *

A la poste. — En août 1924, un individu, jeune, élégant, fort aimable, trop pour être honnête, réalisait plusieurs centaines de francs par jour grâce au vol au rendez-moi. Il n'opérait que dans les bureaux de postes et ne s'adressait qu'au personnel féminin des P. T. T.

Le client se présentait à un guichet et, avant même de faire sa commande à la dame ou à la demoiselle, posait devant lui un billet de cent francs; alors, seulement, il demandait cinq, dix ou vingt timbres. Pendant que l'employée débitait, très gracieusement il lui posait des questions sur des détails de service; puis, une fois servi, il se ravisait et faisait l'appoint avec de la petite monnaie; mais, avant que la préposée aux timbres ait pris l'argent, il retirait sa monnaie et faisait une nouvelle commande de timbres, qui lui étaient fournis.

— Rendez-moi, disait-il, en petites coupures!

— Vous rendre quoi?

— La monnaie de mon billet de cent francs!

— Vous l'avez repris!

— Jamais de la vie! Vous m'excuserez, c'est vous qui l'avez encaissé. Vous l'avez même épinglé à votre liasse.

L'employée, ahurie, confuse, comptait les petites coupures et le tour était joué.

Le jour où il fut surpris, il eut une présence d'esprit extraordinaire.

Pendant que la buraliste allait prévenir ses camarades, il eut l'audace de signaler, comme étant l'escroc, un client qui fut conduit au poste, pendant qu'il s'esquivait.

On ne l'a plus revu à Paris, il a dû aller opérer ailleurs.

LE VOL A LA GLU

Il se commet surtout dans les églises. L'opérateur se sert d'une baguette ou d'une tringle en fer enduite de glu à un de ses bouts, il introduit cette baguette dans un des troncs, celui des Pauvres ou celui du Denier de Saint-Pierre, — il n'a pas de préférence, — et retire, pièce par pièce, les aumônes que les fidèles ont consenties.

C'est simple, cela ne fait pas de bruit et ne présente aucun danger. Si l'on est pincé, on rend l'argent, on verse quelques larmes, preuves évidentes d'un profond repentir, et le curé, qui pratique les vertus chrétiennes, accorde le pardon.

Par exemple, il ne faut pas, comme le fit une « demoiselle » surprise en flagrant délit dans l'église Notre-Dame-du-Mont, soutenir que c'est la Sainte Vierge qui a autorisé le larcin; cela ne prend pas.

Il est également dangereux de porter, sur une autre scène, ce genre de sport. Témoin ce qui est arrivé au sieur Pierre Basile, garçon de lavoir en disponibilité, pour avoir traité de chipie une cliente qui ne lui avait pas versé de pourboire.

Donc, Basile avait été initié au mystère du vol

à la glu par une tireuse de cartes, et il s'était
tenu ce judicieux raisonnement :

— Si, avec de la glu, on peut ramener des pièces
de 5, 10, 25 et 50 centimes, on doit pouvoir cueillir
des billets de 5, 10, 100 et 1.000 francs!

Sa déduction lui ayant paru d'une logique indiscutable, Basile se mit à la recherche des établissements où se remuent les millions; patiemment
ment il inspecta les banques, les grands magasins, les abattoirs, les halles; mais nulle part il
ne parvint à expérimenter sa baguette magique.
En désespoir de cause, il allait choisir une autre
position sociale, quand le hasard le conduisit au
marché en plein vent du boulevard Rochechouart,
sous les arcades du Métro. Il constata, à cet endroit, qu'une marchande de tomates poussait l'imprudence jusqu'à laisser, dans une sébile, sa monnaie de billon et ses billets de cinq francs, pendant qu'elle servait les clients; il profita d'un moment où la commerçante changeait un billet de
cent francs pour tenter le coup...

Il avança le bras droit, allongea la baguette, la
plongea dans la sébile et ramassa trois billets;
alors, précipitamment, il tira à lui sa baguette, la
fit glisser sous l'étalage et la plaqua contre son
pantalon; puis, brusquement, il fit un demi-tour
à gauche pour gagner le trottoir opposé.

Un cri déchirant se fit entendre, sa main rencontra une résistance inattendue; devinant un
désastre, il lâcha son bâton; mais, au même instant, un poing serré, dur comme de l'acier, s'abattit sur son appendice nasal qui se fendit en deux.

Voici ce qui venait de se passer: le bout enduit

de glu de la baguette était venu s'égarer dans
l'opulente chevelure d'une gamine de onze ans
qui jouait à cache-cache avec un petit garçon de
son âge; la glu s'était attachée aux cheveux de
l'enfant, que Basile avait arrachés en partie en
fuyant.

Basile fut conduit au poste de police. Il n'a
plus recommencé; mais il a attrapé trois mois de
prison avec sursis.

LE VOL AU « RENDEZ-VOUS »

Pourquoi les journaux dénommèrent-ils : « Vol au rendez-vous », cet audacieux coup de main qui aurait tout aussi bien pu s'intituler : « Le vol à l'intimidation » ?

Nous ne désignerons que par son prénom le héros de cette aventure qui, condamné à cinq ans de prison, sera certainement libéré quand paraîtront ces lignes. La loi veut que le coupable ait droit à l'anonymat quand il a expié.

Le bruit se répandait, en 1926, dans le courant du mois d'avril, surtout dans ce coin de la rue Lafayette improprement appelé : « La Bourse des Diamantaires », que deux commerçants étrangers, sous la menace de revolvers et de bombes, avaient dû acquitter un tribut à la Révolution russe. Le bolchevik au couteau dans les dents s'était montré dans toute son horreur; on ajoutait même que l'Œil de Moscou qui avait fait le coup, pris de pitié aux larmes d'une de ses victimes, qui affirmait être ruinée, lui avait rendu 10.000 francs. La police, ayant eu vent de l'attentat, avait eu beau enquêter, elle n'avait rencontré que des témoins muets, qui avaient peur des représailles.

Or, le 6 septembre, un événement inouï venait jeter la consternation dans les esprits. Deux marchands de pierres et métaux précieux, Arméniens, avaient été attirés dans un guet-apens, près de la gare Montparnasse, et avaient dû verser trois cent mille francs à un bandit soviétique.

Voici comment ils racontèrent l'agression :

Un de leurs amis, M. M..., leur avait dit qu'un Russe, répondant au prénom de Léonidas, voulait vendre un lot de diamants qu'il avait réussi à arracher à la rapacité des bolcheviks russes. Ces diamants étaient à Rambouillet; Léonidas en voulait 300.000 francs comptant, payables en espèces; il fallait tenter de suite l'affaire, car Londres, qui connaissait l'existence du trésor, faisait des offres alléchantes.

Il fut donc décidé que la transaction aurait lieu dans un café du Faubourg-Montmartre; mais, au jour convenu, Léonidas téléphona qu'il ne lui paraissait pas prudent de se promener avec des diamants dans sa poche; il priait les acheteurs de venir le rejoindre dans l'hôtel situé 59, boulevard Montparnasse.

Les deux Arméniens et M. M... se rendirent à l'adresse indiquée, aperçurent Léonidas au balcon de l'hôtel et montèrent sans défiance. Quand ils furent installés dans la chambre, le vendeur questionna :

— Vous avez la somme?

— Oui, répondit l'Arménien H... La voici.

Il montra les trois cents billets de mille.

— Je vais chercher les diamants, dit Léonidas.

Ce dernier sortit, revint quelques minutes après avec deux petits paquets dont l'un se transforma en revolver. Brandissant son arme, l'individu cria:

— Videz vos poches! J'agis au nom du parti communiste russe!...

Les trois hommes obéirent. Léonidas coupa le Léonidas ouvrit son second paquet et se mit à tourner une manivelle, en répétant :

— Ceci est une bombe, une machine infernale. J'ai l'ordre de vous faire sauter. Si vous faites un seul mouvement, je déclenche le mécanisme de l'appareil et nous sommes réduits en miettes.

Le misérable continua à tourner sa manivelle et, s'adressant à M. M..., ajouta :

— Fais ta prière, Vladimir, puisque tu crois à l'Etre Suprême. Ta dernière heure a sonné. Songe à ta mère...

— Grâce! implorèrent les trois condamnés.

L'Arménien D... posa sur la table les trois cents billets, que Léonidas empocha. Ouvrant une porte de communication, il ordonna :

— Maintenant, passez dans cette salle de bain.

Les trois hommes obéirent. Léonidas coupa le fil du téléphone et s'apprêta à sortir. Les deux Arméniens bondirent sur lui; mais le brigand, d'un magistral coup de poing, en étendit un par terre et cria à l'autre :

— L'hôtel est cerné par la tchéka, malheur à vous!

Et il se retira.

On juge de l'émoi de Paris en apprenant cette invraisemblable histoire; elle rencontra beaucoup d'incrédules, le parquet et la police notamment.

Un coup de théâtre allait se produire.

Quelques jours après, comme les journaux relataient avec force détails les précédentes opérations de Léonidas, à la gare Saint-Lazare, et que le Russe était en passe de devenir un héros de roman criminel, un matin, le disparu se présentait au domicile de M° Emile Doublet, avocat à la Cour d'Appel.

— Je viens vous prier, maître, dit l'arrivant, de bien vouloir accepter d'être mon défenseur. Je suis Léonidas, le prétendu voleur de la gare Montparnasse. Accusé par trois hommes de mauvaise foi, dès que j'ai appris que j'étais recherché par la justice je suis venu vous trouver pour que vous m'aidiez à confondre mes calomniateurs.

M° Doublet approuva fort le Russe et décida de l'accompagner au cabinet de M. Jousselin, juge d'instruction, désigné pour informer sur la plainte des deux Arméniens.

Ce magistrat reçut la déposition de Léonidas, qui déclara :

— J'ai connu, à Berlin, il y a huit mois, un compatriote dont je ne sais pas le nom, mais qui répondait au prénom d'Yvan, il avait des brillants superbes à vendre. Le tout pesait 1.440 carats et valait, à la plus juste estimation, au moins huit millions...

Tout de suite, j'eus l'intuition que ces diamants avaient été volés et cela m'expliquait pourquoi mon compatriote ne voulait pas me dire qui il était.

Nous vînmes ensemble à Paris, où je parlai de l'affaire à M. M... que je connaissais depuis longtemps et qui avait de nombreuses et hautes relations dans la capitale, notamment parmi les commerçants et les industriels. M. M... me pria de lui réserver l'affaire, afin de toucher une commission ; peu après, il me présenta deux diamantaires arméniens : MM. H... et D..., comme acquéreurs possibles de mon lot.

Nous prîmes plusieurs rendez-vous, afin de discuter l'opération ; mais, pour diverses raisons, nous ne pûmes traiter utilement que le 5 septembre, dans un café des grands boulevards.

M. H... m'offrit 1.500 francs du carat, alors que mon vendeur en exigeait 3.000. Nous tombâmes enfin d'accord sur une somme de quatre millions cinq cent mille francs, pour tout le lot de brillants.

Nous devions nous retrouver le lendemain, pour conclure l'affaire, dans un hôtel que je devais désigner.

Après avoir cherché une maison convenable, je louai, pour la somme de 35 francs pour la journée, la chambre n° 10, dans un meublé des environs de la gare Montparnasse.

Le lendemain, 6 septembre, je me fis remettre les pierres, par mon compatriote, puis M. M... vint examiner la pièce retenue qui lui convint parfaitement. Nous téléphonâmes aux deux courtiers, en leur fixant un rendez-vous, devant la gare.

En deux groupes, afin d'éviter d'attirer l'attention, nous montâmes dans la chambre.

A peine installé, je pris la parole :

« — J'apporte les diamants ; avez-vous l'argent ?

« — Non, me répondit H...

« — A mon grand regret, je ne puis conclure l'affaire.

« — On vous signera des effets.

« — Mon ami veut des espèces et non du papier à terme. »

M. H... ordonna alors à M. D... :

« — Allez chercher la somme à la banque! »

En attendant le retour du messager, nous descendîmes dans le café de l'hôtel pour y consommer. Là, comme M. H... s'inquiétait et semblait vouloir sortir, je fus pris de défiance.

« S'il allait, pensais-je, me dénoncer à la police? »

Sous le prétexte de consulter le vendeur qui était dans un café voisin, je sortis et vis ce dernier. Je lui demandai :

« — As-tu un revolver?

« — Pourquoi faire?

« — Je me méfie de mes acheteurs; s'ils tentaient de me jouer un mauvais tour, je n'hésiterais pas à me défendre.

« — Fouille dans ma trousse à bagages et prends ce qui sera à ta convenance.

Dans la trousse, je trouvai une lampe électrique de poche. Je la pris en disant :

« — Je vais m'arranger avec cela. Peut-être la lampe suffira-t-elle à les intimider.

Je retournai au café où M. D..., celui qui était allé chercher l'argent, arriva presque en même temps que moi. Nous regagnâmes la chambre où je remettais les diamants à M. H... Son confrère me montra les trois cent mille francs.

« — Et le reste? demandai-je.

« — Le reste, répondit D..., sera payé à Amsterdam.

« — Je vous avais dit que le vendeur exigeait le tout comptant !

« — Il prendra cela ou rien du tout.

« — Rendez-moi ma marchandise !

J'allais tendre la main pour la prendre, quand les deux Arméniens braquèrent chacun un revolver contre moi, en me menaçant :

« — Si tu oses les prendre, tu les lâcheras, et rapidement.

Il fallait ruser, car que pouvais-je, avec ma pauvre lampe électrique, contre deux rigolos chargés à balles sans nul doute ?

« — Je vous laisse les marchandises, dis-je alors. J'espère que vous ne filerez pas avec, sinon je vous préviens que la police sera avisée.

« — Nous ne voulons pas vous voler ; mais nous n'avons pas les millions nécessaires. Si votre ami peut attendre, nous revendrons en une semaine le lot, et il sera indemnisé.

« — Je vais demander à mon ami s'il accepte.

Sortant aussitôt, je prévins mon ami de ce qui se passait.

« — Il faut quand même rattraper mes diamants, déclara-t-il, surtout ne mets pas la justice dans cette affaire. Donne-moi la lampe électrique, tu vas voir comme, avec peu de chose, on arrive à convaincre les récalcitrants.

Il maquilla la lampe électrique, enleva l'ampoule, noircit le bout de cuivre avec l'encre de son stylo et conclut :

« — Voilà un revolver possible qu'il faudra opposer aux leurs. Mais ce n'est pas tout.

Mon ami prit, dans sa trousse, une machine à

réparer les lames de rasoir, la maquilla comme le revolver et me la remit, en me recommandant :

« — Voilà une dangereuse machine infernale, destinée à faire trembler toute l'Arménie et une partie du Caucase avec...

Je pris les deux objets et je retournai auprès de mes acheteurs.

« — Eh bien! leur dis-je, êtes-vous toujours disposé à vous approprier le bien d'autrui?

« — Voilà trois cent mille francs.

« — Je veux mes diamants!

« — Non.

« — Alors sautons!...

Et je me mis à tourner la manivelle de la machine à lames de rasoir.

« — Que faites-vous? cria M. H...

« — J'arme la machine infernale que voici; c'est une bombe à système. Elle va éclater et nous sauterons tous les quatre, avec les diamants et l'hôtel.

« — Vous êtes fou!

« — Que non, je ne suis pas fou. Une... deux...

« — Arrêtez, implora M. D..., je suis père de famille...

« — Jetez vos revolvers!

Ils obéirent. J'arrêtai la manivelle.

« — Et maintenant, dis-je, rendez-moi les pierres.

Ils s'exécutèrent sur-le-champ et déposèrent les diamants sur le lit où je les pris.

A ce moment, M. H... ayant fait un geste offensif, je sortis ma lampe électrique et, la braquant sur les trois patients, je leur ordonnai :

« — Passez immédiatement dans la salle de bains ou je tire.

Ils s'exécutèrent une seconde fois. Apercevant un appareil téléphonique, qu'ils ne quittaient pas des yeux, je criai :

« — Je vous vois venir, beaux merles! Vous allez mander la police. Attendez!

Je me baissai pour couper les fils du téléphone, comme je terminais heureusement cette opération M. H... sauta sur moi. Je le repoussai et sortis en leur apprenant :

« — Ne vous pressez pas de me poursuivre, car je vais retrouver de ce pas mon ami qui n'est pas seul et, cette fois, pas de grâce...

D. — Vous avez emporté les trois cent mille francs?

R. — Je n'ai emporté que mes brillants.

D. — Qu'en avez-vous fait?

R. — Je les ai rendus à mon vendeur.

D. — Où êtes-vous allé ensuite?

R. — A Fontainebleau... En lisant dans les journaux que j'étais soupçonné de vol et après avoir pris connaissance du roman inventé par les trois bougres, j'ai sauté dans une auto et je suis venu.

D. — Sans bagages, sans rien?

R. — Victime, à midi, d'un accident de voiture, aux Champs-Elysées, j'ai abandonné ma valise dans le taxi, pour ne pas être inquiété par la police, et je suis venu chez M⁰ Doublet.

Confronté avec les Arméniens et M. M..., Léonidas a fermement maintenu tous les termes de sa déclaration.

Il faillit être acquitté par le tribunal.

LE VOL A LA « FLANC »

L'occasion fait le larron...

M. Vale, négociant, à Vincennes, prenait l'apéritif, le 5 décembre 1925, à vingt heures, dans un débit de vin, voisin du Fort; il avait laissé sa camionnette contre le trottoir; mais il avait eu la précaution de garder sur lui sa sacoche renfermant la recette de la journée.

Soudain un client entra et demanda :

— La camionnette qui était devant la porte est à un de ces messieurs?

— Elle est à moi, répondit le commerçant.

— On vient de la voler.

M. Vale se précipita vers la sortie, oubliant sa sacoche sur la table; il constata que le client avait dit vrai et que sa camionnette filait à soixante à l'heure, dans la direction de Paris. Il allait sauter dans le premier taxi qui passerait; mais, avant, il voulut reprendre sa sacoche, rentra au café et ne put que se convaincre que l'argent avait disparu. Les deux vols, celui de la camionnette et celui de la sacoche, étaient-ils combinés?...

Deux heures plus tard, avenue Ledru-Rollin, un taxi, venant de la gare de Lyon, était tamponné par une camionnette. Les bagages, le chauffeur et le voyageur étaient projetés sur le sol. Sur l'avenue, pas un chat. Quand les blessés se relevèrent, ils cherchèrent vainement une malle renfermant des marchandises de prix.

Quant à la camionnette, qui avait été abandonnée par son conducteur, c'était celle de M. Vale.

Plus tard, deux des voleurs furent arrêtés; on sut, par eux, que les trois vols n'avaient été nullement combinés.

Attention, mesdames ! — Une jeune femme vient de toucher, dans une banque de la rue Laffitte, une somme de 12.500 francs, lorsqu'un jeune homme l'aborde très poliment et lui dit :

— Madame, un vol vient d'être commis, je dois prendre les numéros de vos billets, remettez-les-moi donc; le temps de les vérifier et je reviens...

Il la prie de s'asseoir pendant qu'il va à son bureau et, parmi la foule qui encombre le hall d'attente, disparaît. Elle l'attend encore.

Pauvres caissiers ! — Le 20 juillet 1917, à Neuilly-sur-Seine, M. Emile Baugeard, caissier dans un établissement industriel, venait de toucher une somme de 18.800 francs, à la succursale de la Banque de France; il traversait la rue Charles-Laffitte, quand il fut renversé par un cycliste qui l'étourdit d'un coup de casse-tête et lui enleva son portefeuille.

La faute du lettré. — J.-L. Prieux, licencié ès lettres, poète et romancier inédit, ne parvenant pas à vivre de sa littérature, décida de forcer les portes de la célébrité en accomplissant un grand coup. Comme il cherchait le crime à commettre, il avisa, rue Tronchet, un camion chargé qui stationnait devant un magasin et enleva un des colis qu'il transportait. La caisse renfermait pour quinze mille francs de lunettes.

Très embarrassé de son butin, le malfaiteur se mit en quête d'un recéleur et avisa un brocanteur de la rue de Stockholm qui lui acheta le tout cent francs, et l'encouragea à récidiver. S'il n'y avait pas de recéleurs, il y aurait moins de voleurs...

Prieux, passant sur les grands boulevards, avise, sur une auto en station, un superbe chien berger allemand, il le caresse; l'animal, pris soudain d'une sympathie inexplicable pour le bohème, le lèche et se livre aux manifestations les plus vives d'une joie sans borne. Prieux le détache et l'emmène. Comme il longe la terrasse du café de la Paix, le chien tire sur sa laisse et se met à lécher les mains d'un consommateur anglais, comme s'il le connaissait depuis toujours; l'étranger s'extasie sur l'amabilité du quadrupède.

— Le voulez-vous? propose Prieux.

— Combien? demande l'Anglais.

— Ce que vous voudrez, car je pars demain pour la Chine et je serais heureux que cette brave bête trouve un papa qui le soigne aussi bien que moi.

L'Anglais remet quatre cents francs au filou qui se retire. Mais, dix minutes après, un monsieur furieux bondit sur l'ami des bêtes, en le traitant de voleur et d'escroc. L'Anglais répond par un uppercut; le chien, pour les séparer, les mord tous les deux. Des consommateurs interviennent et, comme d'habitude, tout s'explique au poste. L'Anglais rend le chien et son adversaire paie la casse.

Pendant ce temps, le bohème, attablé dans un café de la Madeleine, se dit que l'hiver sera rude et que son pardessus de demi-saison est bien léger pour une température de 10° au-dessous de zéro; son dévolu se jette sur un pardessus en fourrures contre lequel il échange tranquillement le sien, alors que le propriétaire fait la cour à une jolie blonde.

Deux mois de suite, Prieux réussit tous les coups à la flanc qu'il tenta. Dans une limousine, il s'empara d'un chapeau qu'une artiste venait d'acheter rue de Castiglione et en fit cadeau à une hétaïre de Montmartre, car il était d'autant plus généreux que cela ne lui coûtait que la peine de le prendre.

Le mari de sa concierge avait le désir ardent de posséder un chronomètre avec une chaîne en or; dès le lendemain, son aimable locataire lui rapporta une chaîne et une montre que le commis de l'horloger voisin estima valoir quinze cents francs.

Il se fit pincer stupidement, comme tous les malfaiteurs de son espèce. Nous avons dit que

Prieux se piquait de littérature, mais il était atteint de l'amnésie de l'orthographe; il était complètement brouillé avec les doubles consonnes et avec la règle des participes, ainsi qu'avec les passés et les subjonctifs de tous les verbes. Aussi s'était-il promis de se payer un dictionnaire, la première fois que l'occasion se présenterait. Or, certain après-midi, passant devant une librairie classique de la rive gauche, il vit charger, sur une auto, un Littré complet que venait d'acheter un romancier connu; il n'hésita pas, enleva le colis, le chargea sur sa tête et s'éloigna.

Pourquoi la malchance voulut-elle qu'à cette minute précise la fille d'une concierge du boulevard Saint-Germain sortît avec un chien de forte taille, que cet animal, pris soudain d'une envie folle de gambader, tirât sur sa laisse, au moment où le bohème passait, se glissât entre les jambes de ce dernier et le fît choir de tout son long, sur le trottoir?

Les Littré dégringolèrent sur la tête de la fille de la concierge qui se mit à pousser des cris déchirants. Affolé, Prieux, confiant une fois de plus dans ses grandes jambes, se releva et prit sa course; malheureusement, il alla donner en plein dans le creux de l'estomac d'un gardien de la paix qui venait d'être requis. Il fallut s'expliquer et avouer la provenance du Littré.

Peu après la capture du bohème, on arrêtait un nommé Cautenier qui avait opéré deux cent cinquante vols à la flanc.

LE VOL A L'INFLUENCE

Le vol à l'influence consiste, pour celui qui le pratique, à se parer d'un titre ou d'une qualité qu'il n'a pas, afin de dévaliser plus sûrement celui auquel les honneurs en imposent. Tel aigrefin ornera sa boutonnière d'une rosette rouge — avant la guerre, il se contentait du ruban; mais, tout a augmenté, — tel autre s'affublera d'un titre de noblesse, celui-ci se fera passer pour contrôleur des contributions directes ou indirectes, celui-là pour inspecteur de police; tous tendront au même but : abuser de votre bonne foi et fouiller plus aisément dans vos poches.

J'en ai connu de ces tours de coquin, pendant les quarante années que j'ai passées à courir les commissariats de police et les cabinets des juges d'instruction; le plus étonnant dont j'aie été témoin est certainement celui dont fut victime un chef-lieu de canton de près de trois mille habitants.

En 1876 ou 77, un matin d'août, la patache amena, à Saint-Rambert-sur-Loire, un quidam élégamment vêtu, les cheveux frisés sous un huit-reflets impeccable, une badine à la main, le visage complètement rasé, ce qui, à cette époque, n'était permis qu'aux ecclésiastiques et aux comédiens.

Cet inconnu se fit indiquer la demeure du maire, M. Crouzet, se rendit auprès de ce dernier et lui tint ce langage :

— Je suis venu, Monsieur le Maire, dans votre antique cité qu'entouraient d'une ceinture majestueuse ses quatre portes, ses vieilles murailles et son donjon; cette ceinture a aujourd'hui disparu, renversée par des barbares désignés par le suffrage dit universel.

Le maire s'inclina, flatté.

— ... Je suis venu, continua l'éloquent visiteur, pour lui apporter la preuve de l'admiration et de la sympathie dont elle bénéficie dans les milieux artistiques et littéraires. Le gouvernement de la République...

Quoique bonapartiste, le maire s'inclina :

— ... Française, continua l'orateur, vient de décider d'organiser, en province, des tournées de la Comédie, non moins française que la République, afin de diffuser les productions géniales de ses gloires dramatiques...

— Très bien! très bien! approuva le magistrat municipal.

L'inconnu reprit :

— ... On a tiré au sort le nom des villes qui seraient gratifiées d'une représentation et Saint-Rambert est sortie la troisième après Aillon-le-Vieux et Mézidon. Notre troupe revient d'Aillon (Savoie); elle est actuellement à Lyon... Je suis chargé de m'enquérir auprès de vous, afin de savoir s'il vous plairait d'entendre un de nos chefs-d'œuvres.

— Je ne demande pas mieux, répondit le maire, mais nous n'avons pas de salle de spectacle, à Saint-Rambert, modeste fabrique de pois verts...

— Qu'importe. L'art s'épanouit sous les plus modestes abris. Une grange, au bout de laquelle vous ferez édifier un plancher, sur des tréteaux; ce sera la scène que cacheront deux couvertures formant rideaux. Comme éclairage, quelques lampes, des lanternes vénitiennes, des bougies. Les autorités apporteront leurs sièges. Le « vulgum pecus » se contentera de bancs...

— Nous n'avons pas, non plus, ici, de « vulgum pecus ».

— On s'en passera, répondit l'autre, sans sourciller.

Puis il questionna :

— D'ici mardi, pouvez-vous être prêts?

— Certainement, affirma le maire.

— Si vous n'y voyez pas d'inconvénients, nous jouerons... *Britannicus*...

— Oui, oui, *Britannicus!*... *Britannicus!* répéta le maire médusé... *Britannicus*...

— Le conquérant de l'Angleterre, le vainqueur d'Hastings...

— On peut amener les enfants...?

— Parfaitement, la pièce renferme une scène de cirque, à Rome, avec Auguste et Chocolat.

Le factotum de la Comédie-Française déjeuna chez le maire et fut comblé de prévenances par les autorités prévenues.

Britannicus!... C'était la première fois que ce nom résonnait aux oreilles ragnabertoises et il prenait, sur toutes les lèvres, une ampleur à nulle autre pareille. Tous les chiens, les bœufs, les cochons et les canards de la localité ne s'appelèrent bientôt plus que Britannicus. Le dimanche suivant, le curé, en chaire, fit la critique du paganisme, aux temps sinistres de Néron.

Seul, de tous les habitants de la commune, le chef de musique, l'honorable M. Chassagnon, était allé au théâtre, à Lyon, une fois. Ce fut lui qui fut chargé de s'occuper des menus détails de l'organisation. Le cultivateur Sauveterre prêta sa grange. Une scène fut improvisée; on tapissa les murs de draps bien blancs, comme pour la Fête-Dieu; le maire prêta des fauteuils pour les membres du conseil municipal, le menuisier fabriqua des coulisses et une fausse porte, le notaire offrit des tentures; l'initiative privée fut admirable et la commune n'eut pas à débourser un centime.

Le prix des places avait été fixé à cinquante centimes les premières — heureux temps! — 25, les secondes; 15, les troisièmes, et dix centimes les enfants de l'école. La recette dépasserait vraisemblablement soixante-quinze francs, ce qui parut insuffisant... Le maire aurait bien voulu faire voter une subvention par la commune; mais l'opposition de principe de l'unique membre de l'assemblée communale, victime du Deux-Décembre, fit échouer le généreux mouvement du magistrat municipal.

Enfin le grand soir arriva. La représentation annoncée par le tambour de ville, dans la cité et son annexe, Les Barques, devait commencer à 8 heures du soir. On mangea la soupe de meilleure heure, sur le pas des portes; les bêtes furent ramenées à la tombée de la nuit.

A l'heure dite, la grange de Sauveterre regorgeait de monde, c'était un gros... très gros succès...

On alluma les quinquets fort tard par mesure d'économie et, en attendant le lever du rideau, ou plutôt le tirer — car il s'ouvrait par le milieu, au moyen d'une corde — un assistant qui prétendait avoir une voix de ténor léger, chanta: *Le dernier cuirassier.*

Enfin, la troupe arriva en char à bancs; elle était composée seulement de deux acteurs, le grand frisé et un petit blond. Comme le maire exprimait son étonnement d'une troupe aussi restreinte, le grand frisé répondit :

— Le reste de la troupe vient derrière; elle s'est arrêtée au bistro du pont de Saint-Just-sur-Loire.

Et il ajouta, sur un ton qui n'admettait pas de réplique :

— Nous allons commencer; mais, vous comprendrez qu'avant, il faut que nous sachions ce qu'a produit la recette.

— Si vous la trouvez trop minime?

— Nous jouerons quand même... Nous sommes au-dessus de mesquines questions de gros sous...!

Le juge de paix, qui avait été promu trésorier, remit au grand frisé un sac d'écus contenant plus de deux cents francs, pas des francs à quatre sous, mais de la belle monnaie d'argent sonnante et de bon aloi.

Le grand frisé fit la grimace et glissa dans l'oreille de son complice quelque chose que le percepteur prit pour du latin et qui était, en réalité, du « louchebem ».

Les deux acteurs pénétrèrent sur la scène d'où ils expulsèrent des intrus qui s'y étaient glissés pour percer le mystère des coulisses.

Dans la salle on criait :

— Chut ! ça va commencer.

On frappa trois coups de marteau sur le plancher de la scène improvisée. Il y eut quelques secondes d'un silence palpitant que la toux sèche du bedeau de l'église osa seule interrompre.

Les deux couvertures qui servaient de rideau s'écartèrent et les spectateurs aperçurent, étendu sur un canapé prêté par l'agent voyer des chemins vicinaux, un homme drapé dans un manteau couleur de muraille. Il dormait...

La porte de droite des coulisses s'ouvrit; un guerrier, la tête couverte d'un casque qui avait dû être de pompier, surmonté d'une crinière ayant appartenu à un balai de crins, parut sombre et tragique; il tenait, dans son poing droit crispé, un poignard.

Il poussa un rugissement et pénétra, à pas lents et mesurés, sur la scène, en dardant des regards durs sur la salle qui se mit à frémir. Le guerrier se cabra, poussa un second rugissement et, apercevant l'homme qui reposait sur le canapé, il cria d'une voix de stentor :

— Tu dors, Brutus?...

Il fit une pause. Le dormeur ouvrit des yeux larges et étonnés. Le guerrier reprit... en ponctuant chaque mot :

— Prends ton sabre et ton épée et... partons pour... la... la Galilée...

Il dit, se retourna vers le public pour lui jeter à nouveau des regards fulgurants; il poussa un troisième rugissement, fit demi-tour sur lui-même et se dirigea, à pas toujours cadencés, vers la porte qu'il avait déjà franchie.

Brutus se leva, ne put prendre ni sabre ni épée puisqu'il n'en avait pas à sa portée, foudroya les spectateurs d'un regard encore plus chargé de menaces que l'autre, puis, s'élançant sur les pas du guerrier, hurla :

— Assassin!!!

Et il disparut.

La porte se referma sur les deux personnages, elle ne devait plus se rouvrir. La foule attendit et, bientôt, manifesta son impatience. Le garde champêtre, inquiet, se dirigea vers la porte de derrière, donnant sur les coulisses et qui était gardée par un pauvre d'esprit, répondant au sobriquet de Bilaud-Naz-Rouge.

— Eh bien! Bilaud, que sont devenus les acteurs?

— Ils sont sortis, répondit le gardien, en me recommandant de ne laisser entrer personne jusqu'à ce qu'ils reviennent.

On attendit. Le maire, suivi des autorités, se mit à la recherche des fugitifs. Pourtant, il fallut bien se rendre à l'évidence. Les deux soi-disant acteurs n'étaient que de vulgaires filous.

Aux élections qui suivirent, le maire ne fut pas réélu.

Ce genre de vol confine à l'escroquerie et à l'abus de confiance.

Qu'on nous permette, ici, une parenthèse. L'escroquerie et l'abus de confiance ne sont-ils pas des vols, au même titre que celui à la tire? Qu'un malfaiteur vous enlève votre argent, en le prenant dans votre poche ou qu'il le fasse sortir de cette dernière pour entrer dans la sienne, en affirmant qu'il vous le rendra, alors que les garanties qu'il vous offre n'existent pas : c'est la même chose. Il y a mille façons de s'emparer du bien d'autrui; mais, de quelque qualificatif que ces moyens se parent, c'est encore et toujours du vol. Le marchand qui vous vend de la brique pilée pour du chocolat est un vulgaire voleur.

Toutes les subtilités des procédures n'empêcheront pas que les lois rédigées par les professionnels de la chicane ne constituent que des guépiers judiciaires.

LE VOL A L' « ESBROUFFE

Etonner, épater, surprendre... esbrouffer, vieux mot français qui exprimait ce qu'il voulait dire. Le vol à l'esbrouffe peut se commettre de vingt façons différentes, car on est toujours surpris, esbrouffé, quand on vient d'être volé. Les policiers le confondent généralement avec le vol à la tire.

Le type du genre est celui qui a tant diverti nos pères, à l'époque où il n'y avait pas de grands magasins, où la vie commerciale était centralisée dans des rues étroites, grouillantes d'une foule que ne gênait pas la circulation des voitures.

L'attrapéra! — Un client entre dans un magasin de chaussures, essaie une paire de solides brodequins... Ils lui vont comme un gant... prix, neuf francs..., c'est cher; mais il faut bien se chausser, n'est-ce pas?...

Le client frappe du pied, fait deux pas en avant et trois en arrière, pour bien se rendre compte si la cambrure est suffisamment molle...

à cause de ses satanés cors. Soudain, un individu pénètre dans la boutique et crie :

— Propre à rien! dégoûtant! tiens! voilà pour t'apprendre à vivre...

Et il lui envoie une formidable gifle, puis déguerpit à toutes jambes, dans la rue...

— J'aurai sa peau! hurle le client qui, chaussé de neuf, s'élance à la poursuite de l'agresseur.

Le cordonnier sort sur son pas de porte, suit du regard les deux adversaires et répète :

— L'attrapera...? l'attrapera pas...?

Il ne saura jamais s'ils se sont rejoints, car il ne les reverra plus...

Une heure après, le coup se renouvelle sur la rive gauche; mais les rôles sont changés, c'est celui qui a reçu qui frappe l'autre; chacun aura sa paire de chaussures.

Pour donner le change, le client entre parfois avec une valise dérobée, la veille, dans une gare; il l'abandonne; le marchand l'ouvre, elle contient une bouteille vide et des os de mouton enveloppés dans des journaux.

Au cours d'une seule journée, en ayant soin de changer de quartier, les deux esbrouffeurs s'habillent de neuf.

La Porte Saint-Denis. — Il y a aussi le coup de la Porte Saint-Denis qui ne réussit qu'une fois.

Quatre loustics munis d'appareils d'arpenteurs mesurent les trottoirs et la chaussée tout autour de la Porte Saint-Denis.

Leur manège intrigue un crémier de la rue du Faubourg; il s'avance et, s'adressant à celui qui semble être le chef, il lui demande :

— Que va-t-on faire?

— Repousser la Porte Saint-Denis dans le faubourg...

— Pourquoi?

— Pour faciliter la circulation, sur les grands boulevards.

— Alors, on va exproprier?

— Naturellement.

— Croyez-vous que ma boutique sautera?

— Où est-elle?

— Là... Venez donc?

Le chef, accompagné de ses complices, suit le crémier, s'arrête devant la boutique, mesure la distance, avec ses pas, puis consulte le sous-chef:

— Non, dit l'interpellé. Pourtant deux centimètres de plus, même un et demi et ça y serait...

Le commerçant. — On ne pourrait pas donner un coup de pouce?

Le chef. — Ce sera difficile.

Le commerçant. — En y mettant le prix?

Le chef. — Ah! si vous nous prenez par les sentiments.

Le commerçant. — Venez donc dîner à la maison.

Le soir, somptueux balthazar. Au dessert, moment propice aux épanchements et aux confidences, le crémier interroge :

— Alors, c'est de votre ingénieur que cela dépend?

— De lui seul.

— Combien croyez-vous qu'il faille offrir?

— Un billet de mille.

— Bigre!

— Il peut être obligé de partager avec le rapporteur du budget.

— Pas plus, au moins?

— Je l'espère.

— Je marchanderai?

— Dans votre intérêt, j'estime que vous feriez mieux de ne pas paraître. Supposez qu'un subalterne surprenne votre geste. C'est pour le coup que vous seriez poursuivi pour corruption de fonctionnaire. Quand on donne un pot-de-vin à quelqu'un, il s'agit d'y mettre des formes!

A minuit, les loustics se retirent et vont « casser le billet », à Montmartre.

Un mois après, le crémier, inquiet de ne pas voir revenir les arpenteurs, va voir le conseiller municipal du quartier, lequel lui démontre péremptoirement qu'il n'a jamais été question de déplacer la Porte Saint-Denis...

Ces vols frisent plutôt l'escroquerie! En voilà un qui est plus digne du nom.

Hands up! — Un dimanche de février 1925, à onze heures trente du soir, trois jeunes gens entrent dans un café situé quai de Passy, au coin de la rue Alboni, brandissent des revolvers et ordonnent :

— Haut les mains!!!

Des joueurs qui sont au billard n'ont même

pas l'idée de descendre un des scélérats à coup de queue. Un des bandits, qui a poussé le patron contre le mur, lui fait remettre trois mille francs, pendant que les deux autres s'emparent du contenu du tiroir-caisse, soit 230 francs, des timbres et de quarante cigares; puis, ils sortent à reculons, leurs armes toujours braquées sur les clients, et fuient dans la direction du Trocadéro.

Un insolent. — Sur le Pont du Carrousel, un monsieur est bousculé par un individu qui, au lieu de s'excuser, l'injurie grossièrement.

Le passant, un Espagnol, qui ne comprend pas le français, proteste, et un ouvrier, qui vient en sens inverse, outré, corrige l'insolent. En luttant, les deux adversaires bousculent une seconde fois l'Espagnol qui parvient enfin à s'éloigner. Il entre dans le Musée du Louvre, cherche son portefeuille pour payer l'entrée, et constate que ce dernier a disparu avec une somme de dix mille francs qu'il contenait.

Paris est un champ idéal pour le vol à l'esbrouffe, notamment aux heures où des bandes d'épileptiques s'écrasent dans le Métro, courent comme des possédés sur les quais des gares et se pressent comme des sardines en boîte à la porte des restaurants.

Au lieu d'échelonner leurs occupations ou leurs loisirs, les banlieusards qui travaillent à Paris veulent tous manger à la même heure et voyager en même temps. On croirait que leur domicile va s'effondrer, s'ils n'arrivent pas à l'heure.

Grâce à ces poussées formidables, à ces courses échevelées, les voleurs ont beau jeu pour fouiller dans les poches, enlever les sacs à main, s'emparer des paquets et échapper à toute surveillance.

La Belle-Poule. — Aux heures d'affluence, les escarpes se réunissent, opèrent en bande, hommes et femmes; ce sont eux qui provoquent les tassents, les discussions et profitent du désordre pour « travailler ».

Une fille Paulette, dite la Belle Poule, avait la spécialité d'accuser les vieux messieurs de privautés; son « frère » Léon le Japonais était toujours là, à point, pour défendre la vertu de sa prétendue sœur; deux citoyens, Julot de la Bastoche et Dédé de la Popinque, intervenaient et provoquaient la bagarre, au cours de laquelle s'organisait la rafle des portemonnaies, des épingles de cravate, des montres et des mouchoirs.

Avec le produit des vols de la bande, la Belle Poule avait monté un magasin de brocante, à la porte de Saint-Ouen.

LE VOL AU COUP DE TELEPHONE

Un juge d'instruction me disait un soir :

— Quotidiennement, les journaux signalent les méfaits qui se commettent et, quotidiennement, ces méfaits se renouvellent. Ainsi, j'ai, en ce moment, une information qui concerne une concierge de la rue des Pyrénées; l'immeuble qu'elle garde possède un téléphone commun. Il y a trois semaines, le jour du terme, comme elle avait encaissé les loyers, la sonnette retentit : madame prend le récepteur :

— « Allo!... Allo!... C'est vous, madame la concierge? »

— « Oui. »

— « Je suis l'inspecteur de la compagnie! »

— « Bien, Monsieur. »

— « Votre appareil ne marche pas? »

— « Je ne m'en suis pas aperçu, »

— « Nous avons des réclamations de vos locataires? Voulez-vous vous prêter à une petite expérience? »

— « Comment donc! »

— « Prenez les deux récepteurs! Vous les avez bien aux oreilles? »

— « Oui. »

— « Maintenant, mettez-vous-les dans le...
dos... »

— « Insolent! »

La concierge revient dans sa loge, car il faut
vous dire que, son mari ayant une maladie de
nerfs, l'appareil téléphonique a été relégué dans
un réduit attenant à ladite loge. Donc la concierge revient dans son salon; elle constate que
la porte de son armoire est ouverte et qu'on lui
a volé 8.850 francs, le montant des termes.

— Vous y croyez, vous, monsieur le juge, au
coup du téléphone?

— J'y suis bien obligé...

Le baron des Verrettes. — Un joaillier reçoit la
visite d'un client qui se fait montrer des bagues de
prix. Soudain, la sonnerie du téléphone retentit.

— « Allo!!! La bijouterie S...?

— « Oui, monsieur, répond le joailler.

— « Vous n'avez pas, chez vous, M. le baron
des Verrettes?

— « M. le baron des Verrettes?

— « C'est moi, déclare le client...

— « Oui, il est là, annonce le joailler.

Deux secondes de silence... Le commerçant
lâche le récepteur, tourne vers le client un visage décomposé et, sur un ton lugubre, murmure :

— Mme la baronne vient d'être victime d'un
accident d'auto, aux Champs-Elysées.

— Mon Dieu! s'écrie le client, pourvu qu'elle ne soit pas tuée. Vite des renseignements...?

Le joaillier reprend le récepteur. Le demandeur est parti. Le client se précipite vers la sortie, oubliant ses gants. Le soir, le commerçant range sa marchandise; mais il constate qu'une bague d'une valeur de douze mille francs a disparu.

Naturellement, il ne revoit plus le baron; il lui reste les gants pour se couvrir de sa perte.

On pourrait multiplier à l'infini ces coups rapides et savamment combinés.

Le marchand de vin. — Acquéreur, depuis trois semaines, d'un débit de vin, M. P... est appelé, samedi matin, au téléphone :

— Je suis M. J. votre prédécesseur. J'ai omis de vous faire savoir qu'on apporterait aujourd'hui, chez vous, un colis de maroquinerie à mon adresse. Voulez-vous solder cet achat qui est de 485 fr. 35? Je vous rembourserai, en venant déjeuner. A tout à l'heure et merci!

Une heure après, un jeune homme se présente, remet le colis, encaisse les 485 francs 35 et se retire. Le prédécesseur de M. P... ne vient pas déjeuner. On l'attend vainement quatre jours de suite. On lui écrit que son colis est en souffrance; il répond qu'il n'a jamais acheté de maroquinerie.

M. P. ouvre le paquet qui ne contient que de vieux journaux, quelques cailloux et ces mots écrits à la machine.

« Le téléphone est une belle invention! »

LE VOL AU POIVRE

Le vol au poivre, qu'il ne faut pas confondre avec le vol au poivrot et au poivrier, est le plus lâche de tous les attentats.

Un garçon de recettes va faire des encaissements chez des particuliers ou dans des établissements de crédit, il ne se doute pas qu'il est suivi par un ou deux misérables, capables de tout, même d'attenter à ses jours, pour lui ravir la somme qu'il porte et qui doit être importante.

Le brave encaisseur pénètre dans un couloir sombre. Un individu surgit devant lui, fait semblant de ne pas le voir et va le croiser, quand, soudain, le scélérat fait un geste. Il vient de jeter une poignée de poivre dans les yeux du garçon de recettes qui porte instinctivement ses mains à son visage, laissant libre sa poche et ne défendant plus la sacoche qu'il porte.

Aussitôt, le complice du bandit au poivre s'empare du butin et s'esquive.

Gare Saint-Lazare. — Une audacieuse tentative de vol par le poivre eut lieu, un soir, à 22 h. 15, dans la salle des Pas-Perdus de la gare Saint-Lazare. La caissière du buffet emportait une sacoche, renfermant la recette de la journée, dans un hôtel voisin de la Place du Havre; elle la confia à un des garçons qu'elle suivit. Au moment où ils approchaient des marches de l'escalier, un individu grand, mal vêtu, sortit brusquement d'un recoin, jeta une poignée de poivre dans les yeux du garçon et tenta de lui arracher la sacoche; mais le porteur, quoique aveuglé, d'un revers de main saisit le voleur au collet et engagea contre lui une lutte désespérée, pendant que la caissière appelait « au secours ». Le misérable, arrêté, refusa de répondre aux questions qui lui étaient posées.

— C'est mon métier de voler, dit-il. J'ai manqué mon coup, tant pis... et vive l'anarchie!

On ne put savoir qui il était.

Tous les malfaiteurs, quand ils sont pris, se prétendent anarchistes, comme si c'était une excuse?

Chez la lingère. — Une élégante cliente se présentait, un 7 juillet, chez une lingère de la rue de la Rochefoucault et choisissait une combinaison, puis payait son achat avec un billet de cinq cents francs.

Comme la commerçante venait de lui remettre trois cents francs et s'apprêtait à parfaire le reste de la somme, en se penchant sur sa caisse, pour y prendre des coupures de dix et cinq francs, la cliente lui jetait une poignée de poivre dans les yeux : elle s'emparait du contenu du tiroir-caisse et, notamment, de son billet de cinq cents francs, puis prenait la fuite.

La commerçante n'avait heureusement été que fort peu touchée par le poivre, elle put courir après la voleuse et la faire arrêter. Cette dernière n'avait plus, sur elle, la somme dérobée, ce qui prouvait qu'elle avait un complice ; mais, au lieu de dire la vérité, elle affirma qu'il y avait erreur de personne, et que la véritable coupable avait fui par une rue adjacente.

A l'instruction, elle simula la démence et prétendit qu'elle avait agi contre son gré ; elle poussa le cynisme jusqu'à prétendre qu'elle ne se souvenait plus d'avoir volé. Elle affirma :

— Je subis l'influence hypnotique d'un inconnu qui doit me pousser au vol.

A la demande de la défense, l'inculpée fut soumise à l'examen mental du Dr Truelle qui déclara, dans son rapport, que la suggestion était impuissante à provoquer un acte criminel indépendamment de la volonté du sujet.

La 13e Chambre correctionnelle admit la responsabilité de l'accusée et la condamna à un an de prison.

LE VOL A LA ROULOTTE

Le vol à la roulotte a pour champ d'action les quartiers commerçants et les abords des gares. Les malfaiteurs qui se livrent à ce genre d'exercice opèrent par bande de trois ou quatre. Ils suivent les camions chargés qui leur paraissent transporter des marchandises de prix. Si le charretier ne fait pas attention et conduit sur le siège, un des aigrefins grimpe sur le camion, s'empare d'un colis et le lance sur la chaussée où ses complices s'en saisissent et le transportent dans un magasin loué pour quelques jours.

Il y a, malheureusement, toujours des commerçants peu scrupuleux pour acheter, à vil prix, les marchandises dérobées.

Si le chauffeur est vigilant et se méfie, les voleurs attendent le moment où il livrera un colis; pendant qu'il le portera dans un couloir ou dans un magasin, ils déchargeront une caisse.

Des millions de marchandises ont été ainsi dérobées dans le quartier du Sentier. On a vu des malfaiteurs pousser l'audace jusqu'à emmener la voiture avec son chargement, puis abandonner, le lendemain, le véhicule dans un terrain vague.

Un beau coup fut celui commis, le 29 septembre

1926, à l'angle de l'avenue de l'Opéra et de la rue d'Antin. A onze heures du matin, deux Italiens, les nommés Zanoli et Siccarelli, enlevèrent, sur une voiture de livraison qui venait de la Banque Franco-Chinoise, un colis renfermant pour deux millions sept cent mille francs de titres chinois, à destination de Shanghaï. Les deux roulottiers se firent pincer en voulant négocier ces titres.

Le pied coupé. — Le vol à la roulotte a donné lieu, il y a quelques années, à une longue enquête, non par l'importance qu'il avait eue, mais par ses conséquences.

Un chiffonnier trouvait, dans une boîte à ordure, un paquet qu'il déplia; il mit à jour un pied droit de femme fraîchement coupé. Ce funèbre débris fut aussitôt porté à l'Institut médico-légal qui s'appelait encore la Morgue. Un médecin légiste l'examina et conclut que l'amputation était récente, d'une section des plus nettes. Certainement, l'opération avait été pratiquée par un chirurgien ou par un boucher.

A qui appartenait le pied?

Quelque temps auparavant, une semblable découverte, rue du Buisson-Saint-Louis, avait porté un coup sensible à la médecine légale. En effet, un professeur connu avait déclaré que la tête venait d'être fraîchement coupée et que l'œil était encore vif, alors que le débris était une pièce anatomique et que l'œil si vif était en verre.

On chercha donc, et tout d'abord dans le plus

grand mystère, si le pied ne provenait pas de l'École de médecine, car des carabins avaient récemment promené, dans les bars et cafés de la capitale, une main coupée. La plaisanterie consistait à serrer la main d'un ami avec la main coupée et de la lui abandonner dans la sienne. Lorsque la farce atteignait un homme, elle ne provoquait que des protestations, mais lorsqu'une femme pressait la main froide et sèche, elle poussait des cris, si elle ne piquait pas une crise de nerfs. L'enquête fut négative.

On songea au crime possible et l'on se mit à la recherche des autres morceaux de la femme dépecée, ainsi que des personnes du sexe qui avaient disparu depuis peu. On ne retrouva ni les morceaux ni les disparues.

On ne s'explique pas comment des gens peuvent se fondre dans Paris, sans qu'on parvienne à savoir ce qu'ils sont devenus; s'il n'y en avait qu'un, de temps en temps! mais les disparitions sont quotidiennes.

Pendant des mois et des mois, la police fut sur les dents. On allait classer l'affaire, quand une femme se présenta au commissariat de police de son quartier et déclara :

— Julot de la Caulainque a dû commettre un crime; à chaque instant, il répète : « Encore cette sacrée histoire de pied!... C'est-y bête de n'avoir pas dit tout de suite la vérité!... On les arrêtera tous, alors il faudra bien qu'ils dégoisent... »

On la questionna :

— Savez-vous de quel pied il parle?

— Je ne sais pas.

— Puisque vous êtes venue ici, c'est que vous avez un soupçon. Parlez, sinon on vous bouclera comme complice.

— Je veux bien vous le dire, mais il ne faudra pas raconter que c'est moi qui ai « jaspiné », sinon les copains de Julot pourraient me couper la langue.

— Ils ne vous couperont rien du tout. Allez-y et ne craignez rien.

— Julot a dû assassiner une blanchisseuse du nom de Jeanne Millière, qui était devenue son amie, mais qu'elle voulait plaquer pour se mettre dans ses meubles avec un mécanicien du boulevard Ornano.

Un mandat d'amener fut lancé contre le Julot de la Caulainque; il fut arrêté alors qu'il jouait aux boules, sur la place Saint-Vincent, avec un des inspecteurs du commissariat de police du quartier de Clignancourt. Il protesta énergiquement :

— Pourquoi qu'on m'arrête? s'écria-t-il.

— Tu dois t'en douter un peu! lui repartit, d'un air entendu, l'agent qui l'emmenait, sans lui passer les menottes.

— Je ne m'en doute pas, car je ne suis ni un voleur ni un assassin. Je travaille chez un entrepreneur de la rue Marcadet, comme démolisseur.

— L'habitude de démolir. Tu t'expliqueras à la tôle.

— Oui, je vais m'expliquer et plus vite que ça!

Julot fut donc conduit dans la chambre des aveux spontanés et se défendit comme un beau diable. Au lieu de lui demander carrément :

« Vous avez parlé d'un pied coupé. De quoi s'agit-il? » on commença par lui crier sous le nez :

— Assassin!... Tu as tué!... On le sait!... Tu es fait!...

— J'ai tué qui?... protesta Julot.

— Tu le sais bien, bandit!

— Si je le savais, je le dirais!

— Tiens! voilà pour te l'apprendre!

A peine la menace proférée, Julot recevait, sur les narines, un coup de poing formidable qui le mit en sang. Le patient se raidit sous l'outrage, car il n'ignorait pas qu'en matière de police il vaut mieux dire « oui » tout de suite, quitte à se rétracter après. Il répondit donc :

— Oui, j'ai tué, mais dites-moi qui, afin que je m'en souvienne.

— Qu'as-tu fait de son pied droit?

— Son pied?... son pied?... Attendez donc!...

Malgré son saignement de nez, Julot ne put s'empêcher d'éclater de rire.

— Tu trouves ça rigolo? s'écria l'agent frappeur.

— Il m'est absolument impossible d'en pleurer...

— Pourquoi?

— Parce que vous n'êtes pas malin dans la police et vous ne trouveriez pas de l'eau dans la rivière.

— Tu ne vas pas nous apprendre à faire les enfants?...

— Non, mais je vais vous apprendre que le pied dont il s'agit a été volé.

— On vole des pieds de cochon, mais pas des pieds de femme!

— C'est ce qui vous trompe.

— Explique-toi!

— Il y a au moins six mois, deux galvaudeux, qui doivent être en prison à l'heure qu'il est, ayant aperçu une voiture de livraison qui portait des caisses de biscuits, voulurent s'en payer une à peu de frais pour l'offrir à leurs chères et tendres.

— Ceci se passait où?

— Rue Ramey. Les deux « frappes » filèrent le camion qui s'arrêta devant une épicerie. Le livreur prit une caisse et la porta dans le magasin. Pendant qu'il livrait, les deux polissons lui chipèrent un colis qu'ils portèrent triomphalement chez la môme Fleurette, rue Letord. Avant même de l'ouvrir, la petite alla acheter un litre de blanc. Quand les verres furent pleins, on ouvrit la boîte et... horreur!... on en retira un pied. Saisie de terreur, la môme Fleurette prit ses jambes à son coup et ne s'arrêta que sur la zone, derrière la porte de Clignancourt. Quant aux deux zigotos, ils gardèrent la boîte, mais ils replièrent le pied dans un vieux journal, le ficelèrent solidement et allèrent le jeter, le lendemain matin, dans une poubelle.

— C'est bien vrai ce que tu dis là?

— Vous n'avez qu'à faire venir la môme Fleurette et elle vous le répétera; elle pourra vous faire connaître aussi la retraite des deux copains qui ont fait le coup.

— Pourquoi n'as-tu pas dit cela plus tôt?

— Parce que vous ne me l'avez pas demandé.

— Dès que tu l'as su, il fallait venir ici.

— Pour la façon dont on vous reçoit, on hésite !

Une heure après, Mlle Fleurette était découverte dans un bar de la Butte et amenée au poste, où elle confirma complètement les déclarations de Julot. Les deux coupables étaient à la prison de la Santé; ils déposèrent à leur tour.

Tout cela ne prouvait pas qu'il n'y avait pas eu crime. Il fallut retrouver le garçon livreur qui avait transporté les caisses de biscuit, ainsi que le fabricant de pâtes alimentaires.

Enfin, après quinze jours de recherches, on apprit qu'un chirurgien avait dû pratiquer l'amputation du pied droit d'une dame, demeurant boulevard de Clichy. La malade avait exprimé le désir de conserver son membre dans de l'alcool; mais quand, réveillée, on lui avait apporté le pied, elle avait poussé un cri d'horreur, avait déclaré qu'elle ne voulait plus le voir et avait ordonné à la bonne de l'en débarrasser.

La domestique, ignorant qu'il y avait un service spécial pour l'enlèvement des débris humains, avait enfermé le pied dans une boîte en fer qu'elle avait jetée dans la rue de Maistre.

Comment le funèbre colis avait-il échoué sur une voiture chargée de biscuits? c'est ce que l'enquête ne put établir...

LE VOL PAR SALARIES

Je ne veux pas comprendre, sous se titre, les employés indélicats, les caissiers qui lèvent le pied, les ouvriers qui dévalisent leurs patrons. Tous ces délinquants ne sont dangereux que pour un seul individu et rarement ils récidivent; ils ne constituent pas, à proprement parler, un danger pour la sécurité publique. Nous ne retiendrons que la catégorie des domestiques détrousseurs, car ceux-là peuvent renouveler impunément leurs exploits et jettent sur toute une corporation, qui compte tant de braves gens, un suspicion très gênante pour le placement, tout en rendant méfiants les employeurs.

Quand on embauche un valet de chambre, une bonne, une cuisinière, un chauffeur, on exige de lui de bons certificats. Il est très facile de se procurer de bons certificats, surtout de faux certificats. Le signataire du certificat existe, direz-vous, pourquoi ne pas lui demander s'il n'a pas signé un certificat de complaisance?

Ayez le courage de donner de mauvais renseignements sur un domestique qui vous a dépouillé et vous verrez ce qu'il vous en coûtera, comment le tribunal appréciera votre façon de traiter la classe ouvrière!... Une bonne plaidoirie d'avocat bourgeois, — qui vous traitera de réactionnaire, — une semonce du président et vous verserez au domestique indélicat des dommages-intérêts qui lui permettront de se payer un mois à la mer.

Le valet de chambre et la bonne qui volent sont généralement des « perles ». Jamais vous n'aurez été si bien servi. Le domestique est zélé, ponctuel, à l'affût de vos moindres désirs.

Vous l'avez mis à l'épreuve, vous avez laissé bien en vue, sur un meuble, un billet de cent francs. Jean vous a dit, le soir :

— Je me permettrai de faire remarquer à Monsieur qu'il est distrait parfois, il a laissé, sur son bureau, un billet de cent francs que voici.

Jean ne vide pas les fonds de bouteille et se garde de fumer les cigares de son maître; il est propre, discret, méthodique, il a toutes les qualités. Vous arrivez à avoir une confiance absolue en lui. Vous vous absentez deux jours, vous revenez, Jean a disparu en emportant les bijoux et l'argent que vous aviez laissés à sa garde.

Etats civils. — Le juge Lacomblez avait fait arrêter une femme Alice, qui avait volé 15.000 fr. à sa patronne. Il ne parvint pas à établir l'identité de la voleuse; elle avait huit états civils, dont deux aux noms de la comtesse de Rœder et de la marquise Réjane de Blanchemont. A quoi avait bien pu lui servir ces deux noms faux? Probablement à escroquer de vieux « birbes »; à moins qu'elle n'ait jouer la comédie de cette bonne qui, placée chez un veuf, lui persuada qu'elle avait eu des malheurs, qu'elle descendait des princes de Condé et se fit épouser par son patron, lequel, du reste, ajouta à son nom celui des cousins du roi.

Le voleur honnête. — Sept commerçants, industriels, fonctionnaires et rentiers avaient porté plainte contre un individu qui, sous de faux noms et au moyen de faux certificats, s'était placé chez eux et avait disparu, en emportant des sommes dont le total atteignait 125.000 francs. On le cherchait en vain, quand, un jour, ils reçurent tous les sept des plis recommandés contenant les sommes qui leur avaient été dérobées; à l'envoi était joint un mot ainsi conçu : « Avec toutes mes excuses pour le petit désagrément ».

Comment le voleur s'était-il subitement enrichi?... On ne l'a jamais su.

Rue de la Pompe. — Une désagréable surprise attendait une dame S..., demeurant rue de la Pompe, qui, s'étant absentée pendant une journée, rentrait à son domicile. Armoires, placards et secrétaires avaient été fracturés. Toute la lingerie fine et les objets de toilette avaient disparu, ainsi que des bijoux et un costume complet.

Elle appela la bonne, Alice; cette dernière ne répondit pas. La patronne monta dans la chambre et trouva une lettre griffonnée, qu'elle déchiffra péniblement. Elle disait :

« Sous la menace des poignards, trois bandits masqués m'emmènent. Secourez-moi. Alice. »

Mme S... crut de bonne foi à l'attaque des hommes masqués, d'autant plus que des bandits en auto avaient, la veille, dévalisé une bijouterie, le revolver au poing. La police fut moins crédule.

Dans les lieux de plaisir, on ne voyait, depuis quelques jours, qu'une jeune femme blonde qui se faisait passer pour Américaine et offrait du champagne à des jeunes gens et à des demi-mondaines; elle déjeunait dans les plus chics restaurants, elle était entourée d'une véritable cour.

Malheureusement, dans un music-hall, elle se confia à un danseur de nationalité douteuse qui lui enleva tous ses bijoux. Elle eut l'audace, sur les conseils d'un ami de rencontre, de porter plainte, mais elle ne put donner son lieu de naissance en Amérique, et l'on constata qu'elle ne savait pas un mot d'anglais. Alors, en pleurant, elle avoua qu'elle était la bonne disparue de la rue de la Pompe et elle ajouta :

— J'ai voulu mener la grande vie; mais je m'aperçois maintenant que je ne suis pas faite pour cela!...

Ses larmes touchèrent le cœur d'un noctambule qui s'était attaché à ses pas. Il désintéressa la plaignante et, comme Alice obtint le sursis du tribunal, peut-être est-elle devenue une honnête femme.

Cela s'est vu plus d'une fois.

LA GRIVELERIE

La grivelerie est l'art de faire un bon dîner sans le payer.

Il est rare qu'on conduise, au Petit Parquet, un individu qui s'est fait servir à manger sans avoir le sou en poche, pour l'unique raison qu'il avait faim. Le vrai malheureux n'a pas cette audace.

A Paris, comme dans toutes les grandes villes, les associations charitables pullulent : bouchées de pain, assistance par le travail, soupes populaires ou gratuites et combien d'autres?

Un vagabond connaît bien ces lieux de refuge; il sait qu'il n'a qu'à changer de quartier, pour, sans travailler, sans se fatiguer, faire un repas et manger à sa faim.

Il est triste de le constater; mais les œuvres de secours n'atteignent pas le but qu'elles se sont donné, elles favorisent presque constamment le vice et surtout la paresse.

Tous les fainéants, tous les déchets de la population, tous les « boit sans soif » et autres galvaudeux à la paresse indiscutable, ne se contentent pas de la soupe populaire, il leur faut, de temps à autre, un solide festin, dans un restaurant chic, avec café, pousse-café et cigares.

Comment parviennent-ils à satisfaire leurs goûts somptuaires? Ce ne sont pas les moyens qui manquent.

Le moins dangereux consiste à se rendre autour des gares, à se mêler, en flânant, à la foule qui part ou arrive, à avoir l'air d'être un rentier qui, ne sachant comment se distraire, vient se rendre utile, gracieusement, aux voyageurs embarrassés, ou d'un ancien employé de la compagnie, en retraite, que la force de l'habitude ramène sur le terrain de ses exploits d'antan.

Voilà donc notre escroc à l'affût de sa victime, il la fixe dans ce voyageur qui a une bonne tête et semble perdu dans le grand hall, à la recherche d'une pancarte ou d'une affiche qui le renseigne. Le griveleur s'approche, se baisse, ramasse un objet sur le sol, se relève et, s'adressant au voyageur, lui dit :

— Pardon monsieur! Vous avez laissé tomber ce papier!

— Non monsieur, répond l'interpellé, ce n'est pas moi.

— Voyons toujours ce que contient cette enveloppe.

Le filou ouvre l'enveloppe, examine son contenu et la referme précipitamment, en la fourrant dans sa poche, puis tout bas, il confie dans l'oreille :

— Ce sont des billets de banque?

— Beaucoup?

— Au moins dix de mille.

— Il faut les porter à la police?

— Ah! ça jamais. On voit bien que Monsieur arrive de Saint-Quentin.

— Non, de Bruxelles.

— Vous êtes excusable.

— Comment, la police confisque les objets qui lui sont confiés?

— Elle ne les confisque pas; mais, c'est la même chose...

— Expliquez-vous?

— Voilà : Je vais porter ma trouvaille à la police. Le capitaliste qui a perdu cette enveloppe va aller la réclamer, il devra faire la preuve que la somme est bien à lui, ce qui est impossible, et l'argent reste bien perdu...

— Pas pour vous; puisque l'objet que vous avez trouvé devient vôtre après un an et un jour?

— De la blague. On peut me dire qu'il a été réclamé. Puis, il y a les roublards qui vont, de temps à autre, raconter qu'ils ont perdu tel objet et qui souvent tombent juste. Ainsi, si un de ces rôdeurs, toujours à l'affût d'un mauvais coup à faire, m'a vu ramasser la somme, il va me suivre pour déclarer qu'il a perdu son portefeuille, il va écouter ma déposition et, dans trois jours, il ira la réclamer, à coup sûr cette fois.

Le voyageur n'en croit pas ses oreilles. Tout en causant, les deux hommes sont sortis de la gare. Finalement, le griveleur dit à son compagnon :

— Puisque Monsieur ne veut pas partager avec moi, il me permettra bien de lui offrir à déjeuner?

— Trop aimable, monsieur, je vous remercie, mais je désire chercher un hôtel, répond le voyageur.

— Vous avez fait votre choix?

— On m'en a indiqué un, rue de Richelieu...

— Mauvais...! mauvais...! Je le connais... vous payerez très cher et vous serez mal servi. Vieil immeuble! plein de punaises! Après le déjeuner, je vous conduirai dans un hôtel que je connais, où, pour dix francs par jour, vous serez comme un coq en pâte.

Le voyageur se laisse convaincre et pénètre, derrière son hôte, dans le restaurant. On se met à table... Le griveleur commande les mets les plus chers, les vins les plus fins, il agrémente le repas d'anecdotes piquantes, car c'est un Parisien qui connaît son « Paname » sur le bout du doigt. Le voyageur est enchanté d'avoir rencontré un aussi gai compagnon, il ne cache pas sa satisfaction à son voisin.

Au dessert, le griveleur pâlit.

— J'ai trop bu, dit-il. Je me sens indisposé... Vous m'excuserez...

— Faites donc, répond le voyageur qui est loin de se douter du dénouement.

Le griveleur se dirige vers le lavabo, hors de la vue de son invité, il s'empare d'un chapeau qui n'est pas le sien et file à l'anglaise.

Quant à l'étranger, il réglera la note qui se monte à 325 francs.

Le voisin de table. — Un second moyen, celui-là plus modeste et qui ne permet pas au griveleur de s'empiffrer jusqu'à s'en faire sauter la ceinture, consiste à entamer la conversation avec son voisin de table, de façon à faire croire que l'on est son invité. L'escroc commande en même temps que son vis-à-vis, fait choix des mêmes plats, lui fait goûter son vin, car il s'est offert du bourgogne ou du bordeaux. Au dessert, pendant que le garçon est aux cuisines, il se lève et sort froidement, laissant son voisin de table un peu estomaqué.

Quelques minutes après se produit la scène inévitable.

Le Client. — Garçon, mon addition?

Le Garçon (après avoir établi le compte). — Vingt-huit francs soixante centimes.

Le Client. — Vous dites?

Le Garçon. — 28 fr. 60. Deux repas et quatre suppléments.

Le Client. — Je n'ai qu'un repas.

Le Garçon. — Et votre ami?

Le Client. — Le monsieur en face de moi?

Le Garçon. — Oui.

Le Client. — Je ne le connais pas.

Le Garçon. — Vous avez bu avec lui?

Le Client. — Il m'a offert un verre; mais ce n'est pas une raison pour lui payer son dîner.

Le garçon enlève le couvert et s'écrie :

— Je suis encore refait!!!

La bonne râclée. — Il y a aussi l'individu qui sait que, dans tel ou tel restaurant, le patron a horreur du scandale et se contente d'administrer une verte râclée au griveleur. Qu'importe au filou deux ou trois coups de poing sur le nez; les coups lui font autant d'effet que la prison.

Le père Marguery, le propriétaire du grand restaurant de ce nom, ne faisait jamais arrêter les griveleurs, il les mettait à la porte avec un coup de pied; il expulsa ainsi l'anarchiste Léauthier qui, quelques jours après, chez Duval, devait assassiner M. Georgewitch, ambassadeur de Serbie, sous le simple prétexte qu'il avait décidé de tuer un bourgeois et que le diplomate, avec son ruban de la Légion d'honneur, lui avait paru le type le plus parfait du bourgeois cossu.

Un rajah. — Les femmes élégantes sont souvent victimes des griveleurs. Dans ce cas, la grivelerie prend les allures d'une basse crapulerie.

Une actrice avait fait la connaissance, dans un dancing, d'un jeune homme qui ne savait que quelques mots de français ou affectait de parler difficilement notre langue; elle le questionna sur son pays d'origine, il ouvrit son portefeuille, en tira une carte de géographie et lui montra un point, sur la feuille coloriée. La jeune femme demanda des renseignements à un voisin qui examina la carte et répondit :

— C'est une contrée de l'Hindoustan, dans la région de Calcutta.

— Calcutta?

— Oui, la plus grande ville de l'Inde.

— Les souverains de ce pays sont des rois ou des présidents de République?

— Non, ce sont des rajahs ou des maharajahs.

La petite revint vers son ami de rencontre et lui posa la question :

— Tu es maharajah?

Le noceur remua la tête en signe de négation.

— Alors, tu es rajah? reprit la donzelle.

— Yes! répondit l'Hindou en anglais.

— Very well ckorokno, tu paies à souper?

— Yes!

Ils allèrent dîner dans un des restaurants à la mode du quartier de la Madeleine. Le repas fut très gai, bien que le rajah ne pût s'exprimer en français; mais il avait un rire si niais que tous ses voisins de table s'amusaient follement.

Au dessert, on dansa et, entre un charleston et un black-bottom, le rajah, ayant changé de cavalière, s'éclipsa, en compagnie d'une Américaine.

— Où est mon rajah? s'écria soudain l'actrice.

— Il vient de se faire enlever en auto, répondit une voix.

— Est-ce qu'il a réglé l'addition?

— Non.

— Quel lapin!

— Ce n'est pas un lapin, c'est un tigre du Bengale!

*
* *

Jurisprudence des restaurants. — En matière de responsabilité pécuniaire dans les cafés, restaurants et établissements similaires, il est de jurisprudence constante que l'on ne doit que ce que l'on a consommé. Un ami vous invite à dîner; au dessert, il refuse de payer votre écot, vous devez acquitter l'addition en ce qui vous concerne; mais si la personne qui vous a invité s'éclipse au moment de payer, c'est à vous de solder l'addition, quitte à vous pourvoir devant la juridiction compétente pour vous faire rembourser? En somme, vous êtes solidaire de votre hôte.

A la fin de la guerre, le tribunal correctionnel eut à juger une affaire de grivelerie des plus réjouissantes.

Un fils de famille qu'une infirmité rendait encore plus sympathique, parce qu'on pouvait supposer qu'il était blessé de guerre, avait la manie de lancer des affaires industrielles, de se livrer à des opérations d'une envergure qui le dépassait et dans l'accomplissement desquelles, il était fatalement entraîné à commettre des escroqueries. Il avait fait ainsi « marcher » des artistes, des hommes de lettres, des fonctionnaires et des commerçants. Comme son père, un très honnête homme, présentait une certaine surface, il parvenait assez facilement à duper les gens.

Un compte rendu de la séance du tribunal devant lequel il comparut, sur citation directe, pour abus de confiance, fera mieux comprendre sa façon de procéder.

Le Président. — On vous reproche d'avoir invité trois cents personnes à un banquet et d'avoir quitté la salle sans avoir réglé l'addition qui se montait à neuf mille deux cent soixante-trois francs, vingt-cinq centimes.

L'Accusé. — Pardon, monsieur le Président, j'ai organisé ce banquet. Généralement, dans un

banquet, chacun paie son écot, à moins d'être bé-
néficiaire d'une invitation spéciale.

Le Président. — Alors, vous affirmez que vous
avez été simplement l'organisateur du banquet et
que ce n'est pas sur votre invitation personnelle
que les assistants sont venus?

L'Accusé. — Parfaitement.

Une voix dans la salle. — Menteur!

L'Huissier. — Silence!

Le Président. — J'interdis toute manifestation.
Tout le monde pourra s'expliquer librement, mais
pas tous à la fois, chacun son tour... Le premier
témoin, avancez et dites ce que vous savez?

Le Témoin. — M. C..., ici présent, m'a été
présenté par un ami commun qui m'a appris que
Pompe à pneu...

Le Président. — Pourquoi Pompe à pneu?

Le Témoin. — Parce qu'il boite. Dans l'intimité
on ne l'appelle que comme ça.

Le Président. — Nous ne sommes pas, ici, dans
l'intimité, je vous prie d'appeler le prévenu par
son nom ou par sa qualité présente d'accusé.

Le Témoin. — Donc, M. C... devait fonder une
banque intitulée *Les Nouvelles Energies Françaises*, au capital de 300.000 francs. Cet établissement de crédit devait soutenir un grand journal
quotidien, républicain naturellement...

Le Président. — Pourquoi républicain, il aurait
pu être monarchiste?

Le Témoin. — Un journal qui n'est pas républicain ne peut pas avoir de faveurs ni de décorations.

Le Président. — C'est pour être décoré, lui et

ses amis, que M. C... sacrifiait 300.000 francs?

Le Témoin. — On devait également fonder un théâtre, une usine d'automobiles, et toutes autres industries susceptibles de réaliser des bénéfices immédiats. Pour atteindre ce résultat, M. C... devait forcément s'attacher des collaborateurs actifs, intelligents, ayant de l'initiative et des relations.

Le Président. — Il en trouva trois cents?

Le Témoin. — Après avoir causé dix minutes avec moi, M. C... me déclara : « Vous ferez un excellent directeur des services de publicité. »

Le Président. — Le prévenu est physionomiste?

Le Témoin. — Je lui fis remarquer que j'étais architecte! « Qu'importe, me répondit-il, l'architecture n'est-elle pas une des branches de la publicité? Il faut avoir de l'œil pour placer une affiche à l'endroit où elle peut être lue. »

Le Président. — Arrivons au banquet!

Le Témoin. — M. C... décida de fêter l'ouverture des guichets des *Nouvelles Energies Françaises* par un grand banquet.

Le Président. — Où sont les bureaux de cette banque?

Le Prévenu. — Nous achetons, actuellement, le pâté de maisons situé à l'angle des rues Vivienne et des Filles-Saint-Thomas.

Le Président. — Mais, alors, il n'y a pas encore de guichets?

Le Prévenu. — Si, ils sont prévus.

Le Président. — Vous m'avez l'air d'avoir prévu beaucoup de choses sauf, sans doute, celles qui vous amènent, ici?

Pour faire plaisir au président, l'accusé croit devoir rire à gorge déployée. L'assistance en fait autant. Le premier assesseur, qui dormait, félicite le président sur le mot qu'il n'a pas entendu.

Le Témoin. — Nous avons donc tous reçu l'invitation suivante :

« J'ai l'honneur de vous informer que nous inaugurons les *Nouvelles Energies Françaises* par un banquet qui aura lieu le 7 décembre. Prière de nous aviser de votre acceptation. Un avis ultérieur fixera l'heure et le lieu de cette réunion rigoureusement intime. »

L'Accusé. — Ceci n'est pas une invitation !

Le Président. — Et qu'est-ce donc ?

L'Accusé. — Un simple avis.

Le Témoin. — Ce n'est pas tout. Quinze jours après, nous avons reçu un nouvel avis, ainsi conçu :

« Le banquet des *Nouvelles Energies Françaises* est fixé au 7 décembre, à huit heures du soir très précises, au restaurant X... des Champs-Elysées. Tenue de ville. »

Le Président. — Est-ce signé ?

Le Témoin. — Non.

Le Président. — Alors, vous êtes allé boire et manger sans vous demander qui paierait ?

Le Témoin. — S'il y avait eu, sur un des avis, mention du prix du banquet, nous nous serions inquiétés ; mais M. C..., qui nous a vus, pendant les quinze jours qui ont précédé le banquet, ne nous a pas fait connaître ses intentions.

L'Accusé. — J'ai promis de payer le champagne, c'est tout.

Le Président. — Il a été servi?

L'Accusé. — Oui.

Le Président. — A-t-il payé?

Le Témoin. — Il n'a rien payé du tout. Au dessert, il a prononcé un long discours. Comme il achevait, un garçon lui a dit, tout haut : « M. C..., on vous demande du Ministère des Finances, au téléphone. » M. C... se leva, très grave, il nous dit, en saluant : « Je vous demande pardon! » Il alla au téléphone, revint avec son pardessus sur le dos et son chapeau à la main et reprit, toujours souriant, sûr de lui : « Messieurs, je vais au Ministère des Finances. J'espère vous en rapporter une bonne nouvelle. Attendez-moi donc, et chantez chacun la vôtre, pour prendre patience! » Un tonnerre d'applaudissements salua ce départ plein de promesses. Quelques convives prirent la parole. Soudain, une discussion violente s'éleva à la sortie. Des convives, ayant voulu quitter la salle pour se rendre à leurs occupations, avaient été arrêtés par le gérant du restaurant qui leur avait réclamé les 30 francs du repas...

Le Président. — Oui, il y eut même bris de matériel, coups réciproques; mais ces délits seront jugés dans une autre enceinte.

Accusé, vous avez laissé croire que vous vous rendiez au Ministère des Finances? Pourquoi?

L'Accusé. — Je suis allé rue de Rivoli et je n'ai jamais pu savoir qui m'avait demandé.

Le Président. — Alors pourquoi ce « j'espère vous en rapporter d'excellentes nouvelles? »

L'Accusé. — Parce que j'étais en pourparlers avec le Ministre, pour une concession.

Lorsque le Président appelle les autres témoins, l'avocat des plaignants fait connaître que les plaintes sont retirées et qu'un ami de M. C... a dédommagé les invités lésés.

Un mois après, le même C... était condamné à un mois de prison pour avoir récidivé et, cette fois, personne n'avait désintéressé.

LA CARAMBOUILLE

Examinant la comptabilité d'un commerçant poursuivi pour banqueroute frauduleuse, un expert découvrit, au milieu de factures et de notes, une lettre ainsi conçue :

« Cher ami, il a marché, à trois mois, pour cent mille. C'est la belle affaire! Vive la sainte Carambouille! — Signé: *Onésime.* »

La sainte Carambouille!... Que voulait dire ce terme? Le juge d'instruction commis pour informer sur la banqueroute se fit amener le coupable et lui demanda l'explication du terme :

— En argot commercial, répondit l'inculpé, la carambouille désigne le procédé qui consiste à se faire livrer des marchandises à crédit, à ne **pas** les payer et à les revendre à bas prix, afin de s'assurer un réel et solide bénéfice.

Le magistrat était fixé. Dès lors, on désigna les individus qui se livraient à ce genre d'escroqueries, vieille comme le commerce lui-même, sous l'appellation de « Carambouilleurs ».

Pour réussir une belle carambouille, il faut pouvoir disposer d'une mise de fonds assez rondelette. Un nommé Cellier, qui avait plusieurs fois fait faillite et n'avait jamais réalisé une fortune convenable, résolut de terminer son existence de trafiquant par un coup de maître.

Il alla dénicher, en province, un de ses amis d'école qu'il avait perdu de vue. Ce pauvre frère du nom de Thomas, n'était jamais parvenu, lui non plus, à réussir, mais il était resté un honnête homme.

— Qu'as-tu fait, lui demanda Cellier, depuis que je ne t'ai vu?

— Beaucoup de choses, répondit Thomas.

— Mais encore?

— En quittant l'école, j'ai fait des courses pour un marchand de faïences et porcelaines; mais, un jour, m'étant laissé dépouiller par un polisson dont j'avais fait mon confident, le patron crut que c'était moi le voleur et me balança.

— Pas de veine pour un début.

— Début ou pas début, ç'a été toujours la même chose. J'ai été successivement manœuvre, terrassier, gâcheur de mortier, homme de peine, figurant au théâtre et, surtout, habitué des asiles de nuit.

— Bref, tu n'as pas de métier?

— Je les ai tous.

— Tu n'as jamais été commerçant?

— Pourquoi pas rentier?

— Tu vas être un négociant.

— S'il n'est besoin d'apprentissage?

— Inutile. Tu sais prendre?

— Plus que donner.

— Tant mieux.

Cellier ayant fait raser et couper les cheveux

à son vieil ami l'habilla tout de neuf; il le transforma tant et si bien que Thomas, s'admirant
dans une glace, s'écria :

— J'ai d'air de quelqu'un, maintenant!

— Tu es quelqu'un, Thomas, et pas de premier
venu. A partir d'aujourd'hui, je te nomme Directeur des Etablissements Thomas and C°. Tu vas
voir ça!

Il emmena le nouveau directeur chez un gérant
d'immeubles et lui fit louer, sous son nom, un
magasin rue de la Tombe-Issoire.

Cellier paya; il conduisit son associé au Tribunal de Commerce, à la Direction des Téléphones
et dans diverses administrations. Finalement il
l'arrêta, rue de la Tombe-Issoire, devant une boutique fraîchement peinte où le néo-commerçant
admira une enseigne en toile blanche, portant, en
lettres noires :

« Dépôt des Grands Magasins Thomas and C° »

Huit jours après, le téléphone était installé.
Thomas avait un numéro de Registre de Commerce, un numéro de chèques postaux, une machine à écrire, un compte en banque et des offres
de services. Ce qui le ravit plus particulièrement,
ce fut l'arrivée, dans son bureau, d'une jeune et
blonde dactylo que Cellier se mit à tutoyer dès
le premier jour. Cette enfant prit bientôt, sur le
malheureux, un tel empire, qu'elle fut la véritable
directrice. Il s'en consola d'autant plus vite qu'elle
montra, pour le commerce, des dispositions qui
lui faisaient complètement défaut, à lui, homme
de paille et prête-nom.

— Maintenant, dit à Thomas le metteur en

scène, tu n'auras qu'à signer ce qu'on te présentera. Lucie — prénom de la blonde dactylo — recevra les raseurs et répondra au téléphone.

Bientôt, des marchandises furent apportées par des camions. Les livreurs se présentaient avec des factures; la dactylo remplissait des chèques que Thomas signait. Le magasin déborda rapidement.

Au bout du mois, des camions vinrent, à vide, chargèrent les marchandises et vidèrent la boutique.

Les jours suivants, des courtiers, des représentants de maisons, des commis voyageurs et des patrons se succédèrent dans le bureau directorial. Thomas signait à tour de bras des commandes, payables de trois à six mois. Comme le lui avait ordonné Cellier, il achetait de tout : des autos, des draperies, des fleurs artificielles, des bijoux, des lits en bois et en fer, des boîtes de nougat, etc. Le magasin, qui ne cessait de s'emplir, était régulièrement vidé, tous les deux jours, pour faire place à d'autres colis. Cela dura trois bons mois. Le 31 juillet, Thomas reçut pour 245.000 francs de traites à payer. Il délivra des chèques, ça lui coûtait si peu...

Le 3 août, il fut appelé au Palais de Justice, inculpé d'émission de chèques sans provision, escroqueries, abus de confiance et écroué à la Prison de la Santé.

Il découvrit Cellier ; mais le carambouilleur avait disparu, en compagnie de Lucie. Il avait acheté à crédit pour 1.200.000 francs de marchandises qu'il avait revendues 300.000 francs.

Il devait tenter à nouveau le coup, deux ans

après; mais, cette fois, il fut pris et condamné, avec cinq complices.

*
**

A coquin, coquin et demi! — ... Charles! tu fais le désespoir de ton père et la honte de ta famille! Comment? Tu signes pour trois cent mille francs de traites payables à ma mort, afin de toucher 20.000 francs de suite... J'ai fait bien des opérations de ce genre, mais jamais à un tel taux...

Ainsi parlait l'honorable Michel Aron que l'usure et le prêt à la petite semaine avaient fait millionnaire. Par un juste retour des choses d'ici-bas, son rejeton s'apprêtait à croquer l'argent que l'écumeur rapace avait soutiré à d'autres fils de famille prodigues.

Charles Aron pouvait trouver sans peine de longs crédits sur la place où son nom était très estimé... commercialement parlant!

Quand le père Michel eut bien sermonné son fils, il se radoucit et dit :

— Voyons ce contrat de forban?

Le fils lui remit le contrat en question. Michel, l'ayant lu, eut un mouvement de stupeur...

— Les imbéciles! ne pût-il s'empêcher de s'exclamer.

Puis son visage rayonna. Il regarda son fils et reprit :

— Charles, je vais te donner une leçon. Je t'achète ton contrat!

Le vieil usurier tira un carnet de chèques de sa poche, en remplit un de vingt mille francs et le remit à son rejeton qui, de satisfaction, en faisait du bruit dans toute la pièce.

— Voilà, mon garçon ! Maintenant tu vas me faire, sur papier timbré, cession des 300.000 francs de sacs d'arachides que stipule le contrat de vente, ici passé en bonne et due forme.

Charles obéit.

En possession de son acte de cession, le père Aron téléphona au vendeur, son vieil ami Maillet, et lui annonça, de sa voix la plus chaude :

— J'ai l'honneur de vous informer que j'ai acheté, à M. Charles Aron, les sacs d'arachides que vous lui avez vendus ?

— Mais, monsieur, c'est une vente fictive ?

— Fictive pour M. Charles, mais pas pour moi. Je veux mes arachides.

— Que voulez-vous en faire ?

— De la confiture.

— Trêve de plaisanterie ?

— Je ne plaisante pas.

— Qui êtes-vous ?

— M. Michel Aron.

— Le père ?

— Oui.

— Alors vous êtes impardonnable, car vous n'ignorez pas ce dont il s'agit ?

— Je ne veux pas savoir ce dont il s'agit.

— On va vous racheter les sacs ?

— Je refuse.

— Combien les avez-vous payés ?

— Aussi cher que vous les avez vendus.

— Ce n'est pas sérieux ?

— Je vous préviens, monsieur Maillet, que si,

dans deux minutes, vous ne m'avez pas fait connaître où se trouvent les sacs, je dépose une plainte en escroquerie contre vous?

—Les sacs sont rue des Pyrénées, dans nos hangars.

M. Aron passe chez un huissier qu'il emmène avec lui rue des Pyrénées.

Les deux hommes pénètrent dans le hangar; M. Aron fait ouvrir un premier sac. Il contient des arachides. On en ouvre dix de suite et tous renferment la marchandise vendue ; mais la suite des constatations va remplir d'aise le vieux brigand. Les sacs sont bourrés avec de la sciure de bois ou des gravats. Aron ordonne à l'huissier d'instrumenter et fait rédiger, sur-le-champ, le constat. Muni de cette arme redoutable, il se rend chez Maillet qui lui propose un arrangement.

— C'est cent mille francs, déclare Aron.

— Si je refuse? questionne Maillet.

— Je vous fais poursuivre. Au lieu de vous coûter cent mille francs, j'exigerai tout mon dû, c'est-à-dire les trois cents billets, sans compter les dommages.

L'usurier s'exécuta :

— Eh bien! mon fils, dit sentencieusement le père Michel en versant, à son rejeton, 80.000 fr., voilà comment se font les bonnes affaires!!!

LE VOL AU POIVROT

Neuf fois sur dix, quand on vous raconte qu'un monsieur a été assailli, la nuit, en rentrant chez lui, soyez persuadé que cet honorable citoyen n'était pas dans un état normal.

Très souvent, les dévaliseurs de l'ivrogne ne sont pas des hommes, mais des femmes. Il n'est pas très flatteur d'avouer que deux hétaïres vous ont vidé les poches, parce que vous ne parveniez pas à quitter le bec de gaz qui, seul, vous permettait de rester debout.

Le vol au poivrot me rappelle un des jours les plus sombres de ma carrière d'informateur, celui où je faillis avoir une affaire d'honneur avec un égoutier :

Un nommé Moulard, affecté à l'assainissement de Paris, dormait, à la suite de nombreuses libations, sur un banc du boulevard Rochechouart, à 2 heures du matin, quand il fut dépouillé de son porte-monnaie, renfermant ce qui lui restait de sa semaine, soit 23 fr. 45 centimes.

Les deux rôdeurs qui avaient fait le coup, n'ayant pu s'entendre sur le partage, s'étaient battus; le plus faible avait tiré un couteau. Réveillé par le bruit, Moulard voulut les séparer

et reçut une entaille qui ne lui était pas destinée. Oh! une simple égratignure.

Le commissaire de police, qui me conta cette
aventure, crut devoir ajouter au nom de l'égoutier le qualificatif de « moule à gaufres ».

Quarante-huit heures après, je recevais, au
journal du boulevard où j'opérais alors, la visite
de trois égoutiers, dont le blessé du boulevard
Rochechouart; ils me demandèrent une rectifi-
cation ou une réparation par les armes. On ne
badinait pas, en ce temps-là...

Un des témoins m'expliqua que si Moulard se
flanquait « des bitures sardinapoilesques »,
comme c'était son droit, il n'avait jamais porté
le sobriquet de « moule à gaufres ».

— Depuis hier matin, ajoutait l'égoutier, ce
pauvre Moulard est devenu la risée de tout le
quartier de la Goutte d'Or; il ne peut faire un
pas dans la rue de la Chapelle, sans entendre
de tous les côtés cette exclamation ironique :
« Tiens, voilà Moule à gaufres! » Dans ces conditions, monsieur le journaliste, vous savez ce
qu'il vous reste à faire, sinon, au lever du jour,
soyez, demain matin, à la Porte d'Aubervilliers,
avec deux de vos amis. Nous serons là. Moulard
est un ancien élève de Joinville.

Je n'avais qu'à m'exécuter; c'est ce que je fis,
en ces termes :

« L'honorable M. Moulard, dont nous avons
parlé hier, n'est pas dit Moule à Gaufres. Dont
acte. »

Samedi soir. — Il serait fastidieux de relater les vols au poivrot, il y en a tous les jours, à Paris, surtout les samedi et dimanche. La plupart du temps, les victimes ne se souviennent plus de ce qui s'est passé ou inventent des histoires invraisemblables, pour éviter une scène de ménage. Ils n'hésitent pas parfois à faire « marcher » la police, quand ils n'accusent pas à tort ou à travers.

Dans le bois de Boulogne, à l'intersection des allées de Longchamp et de la Reine-Marguerite, vers 14 heures, on découvre un homme étendu sans connaissance. On le transporte à l'hôpital Beaujon où, ranimé, il raconte :

« La nuit dernière, à Montmartre, j'ai fait la connaissance de trois individus avec lesquels j'ai mené « la ribouledingue ». A 8 heures du matin, ils m'ont fait prendre une auto, sous le prétexte de prendre l'air au Bois, ils m'ont amené jusqu'à l'endroit où j'ai été trouvé, m'ont roué de coups, m'ont enlevé 2.000 francs et m'ont jeté par la portière. »

On fait une enquête; on apprend que jamais le blessé n'a possédé 2.000 francs et qu'on ne l'a vu, la nuit du drame, qu'avec des femmes et que ce sont bien trois femmes qui l'ont dévalisé.

Etrange ! — Un autre incident de ce genre est resté inexplicable...

Un matin, à 5 heures, un taxi s'arrête devant une maison de la rue du Caire; deux des occupants en descendent un troisième, sonnent à la porte cochère, se font ouvrir, déposent le dormeur dans le couloir et se retirent. La concierge aperçoit l'homme qu'elle essaie vainement de réveiller. En désespoir de cause elle prévient la police, qui évacue le dormeur sur l'hôpital de la Charité.

C'était un artiste de cinéma. En revenant à lui, il constata qu'il lui manquait 175 francs, mais qu'il avait toujours sur lui sa montre et ses bijoux. Pourquoi l'avait-on apporté rue du Caire alors qu'il habitait rue Caulaincourt, il ne se l'est jamais expliqué.

Le dormeur. — Un ancien inspecteur principal, connu, décoré de la Légion d'honneur, blessé en capturant des bandits fameux, s'était endormi, une nuit, sur un banc du cours de Vincennes, quand il sentit qu'on le fouillait et qu'on lui enlevait trois billets de cent francs. L'ancien policier se leva d'un bond. Comme jadis il avait arrêté plus d'un voleur, en simulant l'ivresse, il voulut « ceinturer » celui qui tenait encore en main ses billets; mais les malfaiteurs étaient trois; ils mirent à mal l'ancien inspecteur, qui fut transporté à l'hôpital Saint-Antoine.

La montre inconnue. — L'ivresse manifeste,

ainsi la qualifie la loi, suggère des aventures qui restent inexplicables, surtout pour ceux qui en sont les héros.

Rue d'Aboukir, par une belle après-midi d'été, à 14 h. 15, un taxi s'arrêtait devant un immeuble.

Le chauffeur, aidé d'un monsieur correctement vêtu qui avait voyagé à ses côtés, sur le siège, ouvrit la portière de son véhicule, tira de l'intérieur une loque humaine qu'il traîna dans le couloir et assit contre la rampe de l'escalier.

— Que faites-vous là? demanda la concierge.

— C'est un de vos locataires, fit remarquer le chauffeur.

— Je ne le connais pas.

— Je m'en moque, on m'a payé pour le conduire ici, ma mission est remplie, débrouillez-vous...

La concierge essaie de réveiller le dormeur qui bougonne et finalement se rendort d'un sommeil d'où rien ne peut le tirer. Un gardien de la paix, avisé, tente vainement, à son tour, de le rappeler à la raison; mais, peine perdue; alors, l'agent de la force publique prévient son chef qui informe un autre chef, lequel en réfère à un autre supérieur, car, dans la police, on a horreur des responsabilités et des initiatives, c'est pour cela qu'entre le gardien de la paix et le Préfet de Police il y a quatorze gradés. Les démocraties sont friandes du galon. Cette histoire rappelle celle du pendu de la fameuse chanson de Mac Nab.

Ordre fut donné de transporter le dormeur à

l'hôpital de la Charité où il se réveilla au bout de deux jours.

C'était un artiste dramatique. Il avait fait la noce pendant toute la nuit. Vaguement, il se souvenait que, dans un bar de la rue Notre-Dame-de-Lorette, il avait décidé de partir en aéroplane pour le centre de l'Afrique.

Il se fouilla, persuadé qu'il avait été dévalisé. Non seulement il retrouva son argent, mais il tira de la poche de son gilet une montre en or qu'il ne se connaissait pas et qu'il porta aux objets trouvés; elle n'y fut jamais réclamée et devint sa propriété.

LE VOL A L'ENTOLAGE

Spécialité féminine, le vol à l'entôlage est celui qui se commet le plus, à Paris et dans presque toutes les grandes villes. Il est à peu près inconnu dans les campagnes.

Nous allons essayer de faire comprendre son exécution, sans outrager la morale; mais, avant, constatons que sa répression est rendue très difficile.

La plupart du temps, les victimes elles-mêmes écartent les sanctions judiciaires pour en éviter les désastreuses conséquences.

Comment voulez-vous qu'un homme marié, un célibataire occupant une situation en vue et même, simplement, un homme convenable, aille avouer publiquement qu'il a eu une faiblesse et s'est laissé dépouiller, stupidement, par une hétaïre de bas étage? Pourquoi voulez-vous qu'un honnête homme livre sa vie privée à la verve insolente d'un avocaillon qui, sans pitié pour tout un passé d'honneur, tout un présent de probité, pour la seule satisfaction d'éviter quelques jours de prison à une femme dont la liberté n'est utile qu'à un souteneur, jette la désunion dans un ménage ou tente de salir impunément, à l'abri de sa robe noire, un nom jusqu'alors respecté?

L'entôleuse opère rarement seule; quand elle fait « suisse », c'est que sa victime ne peut pas se défendre, c'est que le volé se trouve dans un tel état d'ébriété qu'il lui est impossible de se rendre compte de ce qui se passe.

Les entôleuses sont donc toujours deux; elles ont souvent, pour complices, l'hôtelier qui prélève la dîme sur le butin et le « vagabond spécial » qui s'empare du reste.

Le procédé est des plus simples.

Deux jeunes femmes aux toilettes simples, mais décentes, se laissent accoster, dans la rue, par un passant qui les invite à le suivre au café voisin; elles hésitent et finalement acceptent.

Attablées avec le soupirant, elles lui font des confidences, lui racontent leurs misères; la plus gentille se dit midinette, en chômage; elle cherche du travail.

— Vous avez un ami? questionne l'inviteur.

— Non, monsieur, je suis sage...

— Tant que ça?

— Il est certain que si un homme honorable et plein de bonnes intentions s'intéressait à mon sort, je ne sais pas ce que je ferais.

L'autre est une jeune femme abandonnée, elle avait fait un mariage d'amour qui a mal tourné.

Le monsieur écoute, il s'émeut, se laisse aller lui aussi à dire qui il est; s'il n'avoue pas qu'il a sur lui de l'argent, qu'il vient de faire des encaissements, il laisse entendre qu'il peut être généreux. Il éveille, sans s'en douter, toutes les cupidités.

La plus jolie donne son prénom, Juliette; elle ne se montre pas insensible aux tendres aveux du soupirant et ne résistera nullement à ses sollicitations.

Justement, en face, il existe un hôtel discret.

— Vous y allez quelquefois, Juliette?

— Oh! jamais... Pour qui me prenez-vous, monsieur?

— Alors, comment savez-vous?

— C'est une artiste chorégraphique, qui déjeune tous les matins avec nous, qui nous l'a dit...

Pour faciliter l'accord, l'amie se retire. Les deux amoureux restent seuls. Le monsieur croit devoir discuter du prix.

— Oh! monsieur, je laisse ce soin à votre délicatesse. Je ne suis pas intéressée du tout.

On monte à l'hôtel. Les deux amoureux pénètrent dans une chambre. Monsieur, en refermant la porte, constate avec satisfaction qu'on ne peut l'ouvrir de l'extérieur; pour plus de sûreté, il place une chaise contre la porte.

Doucement, une fausse porte tapissée et dissimulée par une « penderie » s'ouvre lentement; une tête de femme, celle de l'amie de tout à l'heure, paraît dans l'entre-bâillement; elle s'inquiète de savoir ce qui se passe.

La voleuse fouille rapidement les poches du pardessus, du gilet, du pantalon et du veston du patient, elle enlève portefeuille et porte-monnaie, les vide. Le portefeuille ne contient que des papiers; elle palpe, avec frénésie, les doublures des vêtements et constate que celle du gilet a été ouverte sur le côté, pour y pratiquer une poche et qu'elle a été refermée au moyen de pressions. C'est là que se trouve l'argent! Les pressions sont à secret, la fouilleuse n'a pas le temps de chercher ce secret; elle fend la doublure, d'un coup de canif et découvre une enveloppe renfermant vingt-cinq billets de mille... Bonne journée!

Rapidement, la voleuse remet le portefeuille et le porte-monnaie en place, tâche de replacer les vêtements tels qu'elle les a trouvés et regagne la porte.

La complice, d'une voix toujours plus forte, appelle sa mère!

La voleuse est sortie par la fausse porte qu'elle ferme définitivement en poussant un verrou qui va l'immobiliser de l'autre côté.

L'homme se lève, s'habille. Instinctivement, comme il le fait chaque fois qu'il a l'occasion de porter sa main vers les boutons de son gilet, il palpe l'endroit où se trouve la réserve... Mais... il lui semble qu'il ne sent plus de résistance, il appuie plus fort, rencontre le vide, il ouvre son gilet et aperçoit l'ouverture béante; il n'en peut croire ses yeux.

— Qu'as-tu? lui demande ingénument sa compagne.

— On m'a volé, répond-il, les yeux hagards, le visage décomposé.

— Qui ça?

— Je n'en sais rien.

— Où ça qu'on t'a volé?

— Ici, sans doute.

La complice se récrie :

— Qui veux-tu qui t'ai volé, ici?

— Je l'ignore.

— C'est ton portefeuille?

— Non, on n'a même pas touché aux cent francs en monnaie que j'avais en poche. On a fendu la doublure de mon gilet où se trouvait une enveloppe renfermant 25.000 francs.

Il montre l'échancrure à la fille qui l'examine attentivement et déclare :

— Seul, quelqu'un qui savait que tu avais ça sur toi a pu faire le coup.

— La doublure était intacte, quand je suis entré dans cette chambre. Je m'en suis assuré.

La fille se fâche.

— Tu ne vas pas me soupçonner, je suppose?

— Pourtant.

Elle lance avec colère ses hardes à la tête de l'homme et crie :

— Tiens, fouille!

L'homme, affolé, s'excuse :

— Je ne dis pas que c'est toi, ma chérie; mais tu avoueras qu'elle est raide?

— Cherchons ensemble? propose la fille.

Elle se jette à plat ventre et regarde sous le lit. Pendant ce temps, la victime explore la chambre; il découvre la porte tapissée, il devine. Il est « fait ».

— Inutile de jouer plus longtemps la comédie, s'écrie l'homme, j'ai trouvé...

— Ton argent? a le toupet de demander la fille en se levant.

— Non, mais la porte par où a pénétré la voleuse.

— Pourvu que je n'aie pas été volée, moi aussi?

L'hétaïre se fouille.

— Trêve de plaisanterie! Suis-moi chez le commissaire de police.

La fille ne proteste pas. Elle sait que, devant la porte, le client hésitera ou que, s'il met à exécution sa menace, elle en sera quitte pour faire huit jours de « tôle », car la preuve du vol ne peut être faite.

La « tireuse du Sébasto ». — Tous les entôlages n'exigent pas deux chambres qui se communiquent, ni même deux complices. Une femme est assez adroite pour réduire l'entôlage en une simple opération de vol à la tire. L'art consiste, dans ce cas, à faire disparaître le produit du larcin. Le Tribunal correctionnel a jugé une des plus adroites « tireuses » du boulevard Sébastopol; elle dissimulait la somme dérobée dans une cachette naturelle. Une fouilleuse de commissariat de police parvint à découvrir la cachette. Le papier-monnaie facilite ces dissimulations.

Nous n'insisterons pas sur les multiples procédés employés par les filles de joie pour dévaliser les naïfs. Le plus simple consiste à pousser l'ami de rencontre à boire jusqu'à plus soif. Si les entôleuses n'usent pas de narcotiques, elles se procurent des pilules stupéfiantes ou de la poudre enivrante.

Le Parquet a eu à s'occuper, plusieurs fois, de cas d'intoxication. Chaque fois, le pharmacien avait délivré le stupéfiant sur une ordonnance de médecin introuvable.

La drogue. — Un industriel, qui ne se livrait pas à la boisson pour l'excellente raison qu'il était soumis à un régime très sévère provoqué par le diabète, fut intoxiqué par une drogue... Il passa une soirée avec une demi-mondaine et s'enferma, en sa compagnie, dans un cabinet particulier. Sur l'insistance de la femme, il consentit à tremper ses lèvres dans un verre de champagne additionné d'eau de Vittel. Ce mélange, pourtant inoffensif, produisit sur lui l'effet d'un coup de massue; il ne s'endormit pas, mais perdit la raison et devint le jouet de sa compagne.

Quand il se réveilla, son portefeuille était toujours dans sa poche. On avait donc respecté son argent? Hélas! quand il rentra chez lui, il s'aperçut qu'on lui avait enlevé une feuille timbrée de son carnet de chèque. Cinq heures venait de sonner, sa banque était fermée.

Le lendemain, il apprenait que, la veille, à trois heures et demie, on avait encaissé un chèque, à son nom, de 110.000 francs. Il n'y avait pas d'erreur, la signature était bien de lui.

En fouillant dans sa mémoire, il crut se souvenir qu'il avait signé, dans le cabinet particulier, un chèque au porteur, et qu'il avait inscrit la somme de onze cents francs. Ce qu'un expert établit, c'est que le chiffre 1100 avait été maquillé et que la mention cent dix mille francs, en lettres, n'était pas de l'émetteur.

En l'espace d'une heure, le chèque avait été volé, maquillé et encaissé. L'entôleuse avait sûrement un complice.

Un loustic. — Il put impunément berner des entôleuses pendant plus d'une année. Il était employé dans une fabrique de coffres-forts qui, pendant l'Exposition Universelle de 1900, avait donné en prime des coffrets minuscules, à fermoir secret. Il était resté une assez grande quantité de ces échantillons, en magasin, et les employés en disposaient à leur gré.

Notre loustic, que nous appellerons M. Jacques, en prit un et y glissa un morceau de papier sur lequel il avait écrit :

« C'est le Puni qui vous a, Bon Dieu. »

Son coffret dans la poche, il alla faire la bombe dans le Faubourg-Montmartre, qui était alors le coin le plus vivant de Paris, à trois heures du matin. Il invita des femmes à sa table, leur offrit des consommations variées et leur raconta qu'il était courtier en diamants et pierres précieuses, de passage à Paris. Montrant son coffret, il répétait :

— Il y en a, là-dedans, pour plus d'un million.

Il ajouta que, le lendemain, il avait rendez-vous au café des diamantaires, rue Lafayette, pour traiter une affaire de 500,000 francs de pierres et d'un million de diamants.

Très entouré d'abord, ces dames finirent par se l'arracher. A une heure du matin, on le suppliait. Il donna la préférence à la plus belle et à celle dont les prétentions n'étaient pas exagérées; elle ne lui demandait que des baisers; s'il avait voulu, elle lui aurait payé à boire; il eut pourtant la pudeur de s'enivrer à ses frais. Quand il parut suffisamment grisé, elle le conduisit à l'hôtel du Libre-Echange.

Jacques fut bien malade et jura que, la prochaine fois, il serait plus sobre. En se retirant, il dédaigna de s'apercevoir que son coffret avait disparu, de même qu'il ne chercha pas à savoir comment l'entôleuse était parvenue à ouvrir le jouet et ce qu'elle avait dit en y découvrant, au lieu des diamants, le petit billet narquois.

Dans un but moralisateur, prétendait-il, Jacques réédita la fumisterie, en variant les formules des billets à surprises.

> *« Cela t'apprendra, méchante!... »*
> *« Oh! la vilaine voleuse!... »*
> *« Coucou... coucou... le lapin!... »*

Quand sa verve fut épuisée, il remplaça les billets par des souris mécaniques qui fuyaient quand la boîte s'ouvrait; ce qui fit piquer une crise à la jeune Odette des Roziers, qui le rechercha pendant quinze jours, dans toutes les boîtes de nuit, pour le vitrioler. Un de ses amis avait placé, dans des coffrets, un ressort qui se déclenchait lorsque la boîte s'ouvrait et projetait, sur le visage de la voleuse, de la poudre de riz ou de l'eau de Cologne, il y eut aussi des coffrets avec des dragées purgatives, des pois de senteur, de la poudre à éternuer.

Comme il avait bien soin de changer chaque fois de champ d'expérience, il ne revoyait que rarement les femmes qu'il avait mystifiées; des amis se chargeaient de le renseigner sur les effets produits.

A la trente-septième, il dut s'arrêter, sa réserve de coffrets étant épuisée.

Ces mésaventures n'ont pas servi de leçon aux voleuses : depuis, les entôlages n'ont fait que se multiplier.

Innovation. — Les Américaines ont innové, à Paris, l'entôlage masculin, si l'on peut qualifier ainsi le vol commis par un homme au préjudice d'une femme au cours d'une partie fine.

On sait que Paris est le lieu de prédilection des danseurs exotiques, depuis le nègre de Saint-Domingue jusqu'au Hongrois du beau Danube bleu. Tous ces individus distingués, beaux garçons, couverts de bijoux faux, d'une moralité douteuse, ne dédaignent pas de se livrer au vagabondage spécial, c'est-à-dire ne rougissent pas de se faire nourrir par des demi-mondaines ou des femmes du monde, sur le retour.

Les législateurs — des avocats, naturellement! — se sont bien gardés de les comprendre dans la loi sur la répression du vagabondage spécial; comme le délit est très difficile à établir en ce qui les concerne, et qu'ils sont des excellents clients, ils sont à peu près sûrs de l'impunité.

Les Américaines, qui viennent à Paris pour y chercher des sensations inédites ou pour goûter les charmes du régime liquide, deviennent la proie toute indiquée des forbans de l'amour; elles dansent avec le premier venu, l'emmènent dans leur hôtel et sont très étonnées de constater, après une nuit d'orgie, la disparition de leur bourse et de leurs bijoux.

Les entôleurs n'étudient pas leur coup et ne prennent aucune disposition préventive, ils se laissent entraîner sur la pente fatale et font main basse sur le butin, soit au bar, sous le prétexte de glisser une fleur dans le sac à main, soit en raflant tout ce qui se trouve sur la table de nuit, pendant que la dame dort.

Si l'Américaine dépouillée porte plainte et qu'on arrête le filou, il se présente la tête haute devant le juge et affirme que Madame — étant ivre peut-être — lui a donné l'argent et les bijoux, dans un moment de crise amoureuse.

Si le magistrat insiste, d'un geste large et détaché l'escroc mondain restitue une partie du larcin.

Il faut avouer que le Parquet a été quelquefois berné par des plaignantes américaines.

Une d'elles, notamment, passait son temps à faire arrêter son jeune ami André, chaque fois que, pour une cause ou pour une autre, il faisait l'école buissonnière; elle l'accusait de lui avoir volé une épingle de cravate, une bague ou une bourse. Quand on retrouvait André, elle venait le chercher au Palais de Justice, le sermonnait, le giflait, puis, sa colère calmée, elle retirait sa plainte et faisait rentrer Dédé au bercail.

AU HASARD DE LA FOURCHETTE

Le Bulgare Samson Nisin avait débuté dans les fêtes locales des Pays balkaniques. Sur un champ de foire de Grèce, un riche Argentin, en voyage d'agrément, le remarqua et lui offrit de l'emmener dans l'Amérique du Sud. Nisin traversa l'Atlantique et obtint un brillant succès au Brésil, dans l'Uruguay et autres républiques, en pratiquant le tour dit du « portefeuille », lequel consiste à subtiliser, à un spectateur du parterre, son porte-monnaie que l'on retrouve, quelques minutes après, dans la poche d'un spectateur des galeries supérieures. Pour réussir ce tour de passe-passe, il suffit d'avoir un partenaire qui se charge d'aller placer l'objet subtilisé dans la profonde du premier venu.

Le Bulgare, grisé par les applaudissements sud-américains, crut qu'il lui suffirait de venir à Paris pour se lancer définitivement et obtenir une réputation mondiale.

Hélas! trop de gens, en France, connaissant le coup du portefeuille, l' « artiste » dut se résigner à exercer ses talents, à son profit, dans les boîtes de nuit de Montmartre. Les affaires marchèrent à merveille; dans une seule soirée, trois portefeuilles contenant l'un 235 dollars, le second 4.000 lires, l'autre 3.500 pesetas, passèrent des poches des clients d'un music-hall dans celle du Bulgare ou de ses complices, car il avait formé des élèves.

Une nuit, il eut la guigne de tomber sur un plus fort que lui; cet « as » alla dénicher son porte-monnaie dans la poche d'un nommé Luigi Viola. La police, prévenue, cerna le café où s'était commis le vol et on arrêta Nissin, avec le portefeuille du chef d'orchestre, Ernest Santamaria, avec celui d'un avocat parisien et Arthur Ferrario avec 4.325 francs dérobés à une femme du monde que son amant avait conduite pour la première fois sur la Butte, pour en connaître les mystères.

Mieux fait douceur que violence. — Finelstein, un des cambrioleurs qui avaient dévalisé, à l'heure du déjeuner, la bijouterie Fellon, 19, rue Montaigne, avait découvert un nouveau procédé pour dévaliser ses semblables, sans employer la violence, ce qui est toujours extrêmement dangereux, prétendait-il.

Il filait de préférence les négociants en diamants. Quand il en avait repéré un et qu'il avait pu se rendre compte qu'il portait toujours le même sac ou la même valise, il en faisait confectionner un absolument pareil; puis, un jour, il emboîtait le pas au marchand, s'avançait sur lui et lui plaquait délicatement une ordure dans le dos; ensuite, il le dépassait et, très poliment, le chapeau à la main, lui annonçait :

— Vous venez, monsieur, d'être éclaboussé.

— De la boue? demandait le négociant.

— Pire; vous seul pouvez l'enlever avec votre mouchoir.

Le diamantaire déposait son sac sur le sol, retirait son vêtement et enlevait l'excrément. Pendant ce temps, Finelstein procédait, avec dextérité, à la substitution du sac. La victime ne s'apercevait du vol qu'arrivé chez le client.

Le bandit souleva, en une seule fois, pour 800.000 francs de bijoux, dans la rue Chauchat. On retrouva le sac, le lendemain, passage de l'Opéra, éventré, car il n'avait pu ouvrir la serrure à secret.

Au boniment. — Schakalski, le « Lagardère » du même cambriolage de la rue Montaigne, était bossu, ce qui ne l'empêchait pas d'opérer en plein jour.

Il faisait le camelot, pendant que ses complices fouillaient les poches des badauds qui s'extasiaient aux boniments de l'escarpe.

Au temps où l'on réparait la chaussée, place de la République, il s'était installé sur un banc et débitait une poudre merveilleuse, guérissant toutes les maladies, depuis les cors aux pieds jusqu'au mal de dents.

« — Mesdames et messieurs, disait-il, avec cette poudre sans égale, le prince du même nom — je veux nommer celui de Galles — a fait disparaître, en douze heures trente minutes, une inflamation de la joue droite qui avait résisté à toutes les médicamentations de la Faculté.

« Nous aurions pu prendre, alors, un brevet, vendre dix francs ce qui nous coûte dix sous, mais nous méprisons le mercantilisme. Nous sommes des philantropes, nous avons réservé notre poudre aux déshérités de la démocratie libertaire, égalitaire et fraternitaire. Nous la vendons ce qu'elle nous coûte, non pas cinq, non pas trois, non pas deux, non pas même un franc, mais cinquante centimes seulement. »

Comme il achevait son boniment, Lagardère aperçut un « tireur » qui n'appartenait pas à sa bande et qui était en train de soulever un portefeuille à un honnête citoyen. Le filou saisit la balle au bond.

S'adressant au volé, il lui dit :

— Tenez, monsieur, prisez de ma poudre. Allez-y, c'est pour rien, une simple expérience.

Le curieux prit une pincée de poudre et la renifla.

— Et maintenant cherchez votre portefeuille? ordonna l'orateur.

Le spectateur obéit et poussa l'exclamation attendue par le camelot d'occasion.

— On me l'a volé!

Retenant par le col de son pardessus le voleur qui voulait prendre du large, Lagardère reprit :

— Grâce à ma poudre merveilleuse, vous allez le retrouver.

Alors, soufflant sur le crâne du voleur et lui jetant un sort de la main gauche, il cria :

— Passez muscade. Le portefeuille est dans la poche de monsieur.

Le voleur, comprenant qu'il était pris, mais devinant aussi que le bonimenteur désirait simplement prouver son adresse, se prêta à la combinaison et déclara :

— Allons donc. Si j'avais un portefeuille dans la poche, je le saurais !

— Camille, ordonna Lagardère, fouille dans tes poches.

Le voleur affecta de sonder ses profondes jusque dans leurs doublures et, finalement, levant sa casquette, laissa tomber le portefeuille sur le sol.

La foule applaudit à tout rompre. Le camelot reprit :

— Camille Jobard, que je vous présente, est encore plus étonné que monsieur de découvrir un portefeuille dans un couvre-chef qui, jusqu'à présent, n'avait dû couvrir que des poux. Je parie qu'il a encore quelque chose à moi.

Il lui fit ouvrir la bouche toute grande et en retira un de ses paquets de poudre.

— Et maintenant, ajouta le pitre, comme vous avez tous un paquet sur vous, venez à moi que je vous l'extirpe. Vous l'emporterez chez vous en souvenir.

Vingt badauds se prêtèrent à la substitution et Lagardère, pour une fois, avait gagné dix francs sans les voler.

Mais il ne pouvait se contenter d'une aussi maigre somme. Il se retira et emmena le voleur avec lui. Quand ils furent seuls, il lui fit remarquer.

— Si j'avais voulu, je t'aurais vidé tes poches. Part à deux.

Le filou devinant qu'il se trouvait en présence d'un homme plus fort que lui se laissa faire. Pourtant, il questionna :

— Pourquoi ne m'as-tu pas laissé le portefeuille?

Et Sachalesky de répliquer :

— Parce qu'il n'y avait que des papiers dedans, imbécile!

— Comment le sais-tu?

— Je l'avais fait avant toi.

Mais Lagardère bluffait peut-être.

*
* *

Un homme d'affaires. — Vous ignorez l'histoire du Nabab? C'est une ancienne histoire d'escroquerie qui est pleine d'ingéniosité.

Voici : vers 1873, un Anglais fit son apparition à la Bourse de Paris. Il montrait à tout venant un portefeuille qui contenait trois cent mille francs en billets de banque. On le surnomma : le Nabab. Comme les affaires étaient dures, les agents de change, pour obtenir des ordres, lui accordèrent d'immenses crédits dont il profita pour acheter des rentes françaises.

Personne ne s'aperçut que dans une autre partie de la Bourse, un Allemand de Berlin, nouveau venu, faisait exactement le contraire de ce que faisait le Nabab, vendant six mille francs de rente quand ce dernier les achetait. Il arriva donc, le jour de liquidation, que l'un se trouvait vendeur de la somme de rentes que l'autre avait achetée et, comme la rente avait baissé ce mois-là, que le Nabab perdait la somme que gagnait le Prussien. Or, le jour des règlements, ledit Prussien emporta bel et bien les cinq cent mille francs qu'il gagnait et ledit Nabab ne paya pas du tout les cinq cent mille francs qu'il perdait.

On découvrit plus tard que les étrangers étaient deux fripons qui s'étaient associés pour jouer à coup sûr. Invention charmante, n'est-ce pas?

Les fume-cigarette. — On a arrêté, il y a cinq ans, un individu, membre des cercles les plus chics de Paris, directeur-fondateur d'une Société. Voici l'histoire. Cet individu, qui possédait de très hautes relations, avait comme partenaires de bridge des présidents de Conseils d'administration de la grande industrie parisienne.

Un soir, il arrive à la salle de jeux nanti d'un superbe fume-cigarette d'une valeur de cinq cents francs. Comme on lui en fait des compliments, il s'étonne :

— Bah! vous le trouvez bien?... vous en voulez, j'en ai plein des poches...

Et il en distribua à la ronde.

On examine les fume-cigarette. Des connaisseurs affirment qu'ils sont en ambre. On croit avoir affaire à un fou qui ne connaît plus la valeur de l'argent.

Mais lui, de rire :

— Vous vous êtes laissé prendre! Eh bien! voyez, c'est une imitation parfaite. Chaque fume-cigarette me revient à 10 centimes... J'ai un brevet de mon invention.

Des experts amenés au cercle affirment à leur tour qu'il n'y a aucune différence entre l'ambre véritable et ces fume-cigarettes. L'exploitation du brevet est décidée. On monte une société. Les fonds tombent dans les poches de l'escroc qui disparaît bientôt en emportant deux millions.

— Et les fume-cigarette?...

— Ils étaient en ambre véritable, Monsieur. Les membres du Conseil d'administration de la Société à capital variable les ont gardés en sou-venir... »

L'art de faire marcher les « naïfs ». — La Onzième Chambre Correctionnelle a jugé, en mars 1892, cette affaire d'escroquerie.

Le Syrien Farah Malouf, un très élégant Levantin, au visage bronzé, parlant le français comme vous et moi, avait rêvé, bien avant l'invention des auto-chenilles, d'organiser des excursions dans les déserts, par caravanes, en Egypte et en Asie-Mineure.

Il avait fait de nombreux voyages en Europe pour y lancer son affaire et y recruter des touristes; il avait trouvé des encouragements dans le monde des artistes et dans les groupements coloniaux; mais, s'il était comblé de félicitations, il ne parvenait pas à décider les Parisiens à s'aventurer, à dos de chameau, dans les dunes de sable, à la recherche des oasis et des mirages.

Au mois d'août 1891, Farah Malouf, se rendant à Londres pour y traiter avec des voyageurs en perspective, s'arrêta à Paris et descendit dans un hôtel du quartier de l'Opéra. A table d'hôte, il se trouva placé à la droite d'un nommé Emile Serks, avec lequel il lia conversation et qui se présenta comme un ingénieur de premier ordre, dirigeant une usine de produits chimiques.

Les deux hommes causèrent de leurs entreprises réciproques et Serks ne laissa pas ignorer au Levantin qu'il avait de hautes et solides relations.

Le Syrien lui confia ses projets touristiques.

— Qu'à cela ne tienne, s'écria l'ingénieur. Vous n'avez pas besoin d'aller à Londres pour organiser une caravane, Paris vous fournira plus de clients que vous en désirerez.

— Je croyais, interrompit le Syrien, que les Français étaient casaniers et ne voyageaient jamais?

— Quelle erreur profonde! Le Français est lent à se décider, il aime son village; mais, lorsqu'il est parti, il ne s'arrête plus.

— On prétend que, sans être avare, il n'aime pas gaspiller son avoir?

— Le Parisien est curieux; c'est l'Auvergnat qui est économe.

— Sérieusement, vous connaissez des Parisiens susceptibles d'entreprendre un voyage de plusieurs mois?

Serks cita, dans ses relations, des princes, des

barons, des financiers, des industriels, des capitalistes et notamment la marquise Manoury d'Ectot, nièce de Nicolas Leblanc, l'inventeur de la
soude artificielle dont la statue s'élevait dans la
cour du Conservatoire des Arts-et-Métiers.

Le marquis défunt d'Ectot était de noblesse
authentique et ses ancêtres avaient été à Azin-
court et à Poitiers. Quant à la marquise, c'était
une femme de lettres fort connue, qui avait tenu,
sous le Second Empire, un salon mondain et aca-
démique; elle avait dirigé des journaux littéraires. Elle avait tout ce qu'il fallait pour lancer
la mode des voyages, en Asie et en Afrique.

Farah-Malouf fut donc mis, par Serks, en rela-
tion avec la marquise, alors âgée de soixante-
cinq ans, toute blanche et d'une très grande res-
pectabilité.

Le naïf Syrien ignorait que la grande dame dé-
chue, ruinée, vivant d'expédients, demeurait en
garni, quai de Billy, avec un nommé Pierre Rodot,
de vingt-cinq ans plus jeune qu'elle, qui passait
tantôt pour son fils, tantôt pour son neveu, M. Jo-
seph, ou encore pour son valet de chambre. Ce
Rodot, ancien agent de la brigade Blavier, à l'Ely-
sée, avait été affecté à la surveillance personnelle
de M. Jules Grévy dont il était le compatriote. En
1883, il avait assassiné, rue Condorcet, une femme
Marie Jouin et il avoua le crime en 1897, alors
qu'il était prescrit.

Quant à sa protectrice, elle avait été mêlée à
des aventures qui l'avaient obligée à s'éloigner
momentanément de France et à se réfugier en

Belgique. En son absence, elle avait été condamnée, par défaut, à un mois de prison.

Malouf crut avoir mis la main sur une cliente d'autant plus précieuse que la marquise Maunoury d'Ectot n'entendait pas visiter seule les cataractes du Nil et traverser le désert de l'Arabie Pétrée; elle avait promis à l'organisateur de recruter une vingtaine, au moins, de compagnons de voyage.

Un traité en bonne et due forme fut passé entre le Syrien et la grande dame. Malouf s'engageait à organiser une caravane de cinquante chameaux et chevaux qui devait parcourir l'Egypte, la Syrie et une partie de l'Asie Mineure, aux conditions suivantes :

Soixante-dix francs par jour et par voyageur, au-dessus de sept personnes; 78 francs si l'on n'était que six, 90 francs pour cinq et cent francs pour quatre.

Le départ devait avoir lieu dans les premiers jours d'octobre.

Ravi d'avoir conclu une aussi bonne affaire, Malouf se prépara à retourner en Syrie; mais, avant son départ de Paris, l'ingénieur Serks lui réclama une commission de 2.000 francs et la marquise une caution d'autant comme garantie du traité. Le Syrien s'exécuta de la meilleure grâce du monde, puis partit pour l'Orient...

Ayant rapidement organisé la caravane, Malouf attendit, à Damas, l'arrivée de ses voyageurs. Octobre, novembre passèrent et, comme sœur Anne, Malouf ne vit rien venir; il écrivit, mais ses épitres restèrent sans réponse...

Décembre s'étant écoulé, toujours sans aucune nouvelle, l'infortuné Malouf allait reprendre le bateau de Marseille, quand il reçut, de la marquise, une lettre par laquelle elle l'informait que, décidément, l'état de sa santé la forçait à ajourner indéfiniment tout projet de voyage. Malouf réclama les 2.000 francs de caution qu'il avait versés, il ne lui fut pas répondu.

Lorsqu'il revint à Paris, décidé à rentrer dans son argent et à réclamer une indemnité, la marquise lui exhiba une clause du traité à laquelle il n'avait pas pris garde et qui était ainsi conçue :

« La marquise d'Ectot pourra renoncer au voyage pour quelque cause que ce soit, à charge par elle de verser à M. Farah-Malouf une indemnité de six mille francs, si elle le juge. »

— Eh bien ! dit la marquise, je ne le juge pas, et voilà tout. Vous n'avez rien à prétendre...

S'apercevant un peu tard qu'il avait été le jouet d'une bande d'escrocs, l'organisateur des caravanes porta plainte contre l'obligeant Serks, la marquise et son amant.

Deux seulement des coupables comparurent devant la Onzième Chambre. La marquise d'Ectot fit défaut. Le bruit courut au Palais de Justice qu'elle avait tenté de s'empoisonner pour ne pas traîner le nom de son grand-père dans une audience du tribunal correctionnel. Elle fit tenir au président un bulletin d'admission à l'hôpital Lariboisière. Rodot se vanta d'avoir longtemps frotté les appartements du Préfet de Police. La marquise et Serks furent condamnés à six mois de prison et Rodot à trois mois.

Albert Bataille, qui a longuement raconté cette affaires dans ses Tribunaux, a rapporté un mot, entendu, ce jour-là, à la porte de la 11°.

Des curieux voulaient pénétrer dans la salle d'audience. Ils en furent empêchés par le garde qui leur dit :

— On n'entre pas. On juge un « Saint-Cyrien » qui a été filouté par une vieille cocotte!

En fait de Syrien, le bon municipal ne connaissait évidemment que ceux qui portent l'uniforme.

Un bon client! — Il y a des gens qui ne doutent de rien...!

Menacé d'une contrainte par corps, à la suite d'une amende que lui avait infligée le tribunal correctionnel, Jh. Omer, courtier en toutes sortes de marchandises, se frappa le front et s'écria :

— A moi, les grands moyens que le ciel justifie si la morale les condamne.

Il avisa une enseigne portant le nom très commun de Richard et, émoustillé par ce nom prometteur, il pénétra dans la boutique et s'adressa au susnommé qui vendait de la bonneterie.

— Un de mes amis, M. Bontemps, m'a affirmé que vous pouviez me procurer ce que je désire et cela dans d'excellentes conditions?

— Bontemps...? Bontemps??? je ne le connais pas!

— C'est un de vos clients.

— J'en ai tant, qu'un nom peut m'échapper.

— Tant pis. Je vais m'adresser ailleurs.

— Non. Je vous écoute. Je m'en voudrais de ne pas satisfaire M. Bontemps. Puisqu'il vous a dit de vous adresser à moi, c'est qu'il me connaît?

— Et avantageusement.

— Je vous en prie, monsieur, je me mets à votre entière disposition.

— Je suis le fiancé de la nièce du roi de Chypre et de Candie. Je désire faire l'acquisition de joyaux que j'ai l'intention d'offrir à Son Altesse Royale et Impériale.

Richard salua.

— Je regrette infiniment de n'être pas bijoutier, car l'honneur de servir Votre Altesse aurait été, pour moi et ma maison, d'un prix inestimable.

— Vous ne connaissez pas un bijoutier sérieux, consciencieux?

— Je vais voir mon voisin, M. Julius Ysaye.

— La commande sera assez forte.

— Combien, sans indiscrétion?

— De cent à deux cent mille.

— Je cours chez Julius et je reviens.

— Je vous attends.

On devine la conversation des deux commerçants :

RICHARD. — J'ai une bonne affaire pour vous. Un client riche, un grand personnage.

YSAYE. — Que veut-il?

RICHARD. — Acheter pour deux cent mille francs de bijoux.

YSAYE. — Bon... bon...

RICHARD. — Combien me faites-vous de commission?

YSAYE. — Dix pour cent.

RICHARD. — Payables à la commande?

YSAYE. — A la livraison...

Richard vient faire part de la bonne nouvelle à l'acheteur.

— Je vais vous conduire chez le bijoutier. Qui faut-il annoncer?

L'inconnu répond, sur un ton détaché :

— Bien que je voyage incognito, je peux vous confier que je suis le Prince Io-Ysaphan, du balaklava de Busaphan.

Le bonnetier Richard esquisse une génuflexion. On se rend chez Ysaye. Présentation. A l'énoncé du titre de l'Altesse, Mme Julius Ysaye prend sa robe des deux mains, la relève jusqu'aux chevilles et fait une pirouette, comme les dames de la Comédie-Française, dans une pièce du grand siècle. L'honorable Julius Ysaye déballe ses cartons. Bagues, diamants, pierres précieuses, colliers, pendentifs, etc., s'étalent sur les vitrines. Le prince fait choix d'une bague de 28.000 francs et d'un collier de 120.000.

— Je vais vous signer cinq traites, propose-t-il, payables à huit jours d'intervalle.

Mais Ysaye a été déjà refait par de faux barons et de fausses Américaines, il est méfiant de sa nature. Bien qu'assuré contre le vol, il exige une garantie.

— Qu'à cela ne tienne, répond, avec hauteur, le prince. Je vous fournirai une garantie, et elle sera de plus d'un million.

— Son Altesse ne m'en veut pas? murmure le commerçant inquiet.

— Vous en vouloir, à vous?

Le prince le toise d'un regard méprisant et se retire très digne.

Le commerçant reste atterré. Quant à Mme Ysaye, elle s'arrache les cheveux de désespoir.

— Maladroit! insolent! répète la douce moitié, tu as vexé ce grand seigneur. Est-ce qu'on demande des garanties à un Io-Ysaphan? L'affaire est fichue par ta faute.

Richard, mis au courant, surenchérit :

— Je l'aurais donnée, moi, la garantie! Ma boutique peut répondre pour deux cent mille francs...!!!

— S'il avait, au moins, laissé son adresse, gémit le bijoutier, je lui écrirais une lettre d'excuses?

Il faut croire que le prince n'avait pas de rancune, car il revint deux jours après et pria le bijoutier de l'accompagner à la Banque Industrielle, rue Saint-Lazare. Les deux hommes s'adressèrent à l'employé aux titres :

— Questionnez vous-même? ordonna le prince au commerçant.

— Je n'en ferai rien, protesta Ysaye.

— Je vous en prie?

— S. A. le prince Io-Ysaphan a-t-il, en dépôt, chez vous, des titres?

L'employé répond :

— Je vais me renseigner.

Il revient et déclare :

— Nous avons, en effet, des titres en dépôt, au nom du prince.

— Pour combien? questionne le commerçant.

— Nous n'avons pas à vous fournir ce renseignement, réplique l'employé.

Le prince intervient.

— Je suis le déposant. Je vous autorise à répondre à monsieur.

L'employé retourne au bureau du chef et revient pour annoncer :

— Un million sept cent vingt-sept mille francs, au cours...

Ysaye insiste :

— Sont-ils frappés d'opposition?

— Non.

Les deux hommes sortent.

— Etes-vous satisfait? demande le prince.

— Pleinement! pleinement!

— Je vais faire plus. Je vais vous donner une procuration.

— Si les bijoux ne plaisent pas à Son Altesse?

— Vous les lui montrerez en personne. La princesse est à Aix-les-Bains. Pouvez-vous venir jusque-là?

— Comment donc!

Deux jours après, le bijoutier, ayant en poche une procuration lui permettant de retirer les titres de la banque, prenait le train à la gare de Lyon et rejoignait, à Aix-les-Bains, le prince qui le conduisit auprès de la nièce du roi de Chypre et de Candie. Le commerçant avisé avait eu soin d'apporter, avec lui, une pochette de brillants, des pierres précieuses et des modèles de bijoux. Il les montra à la princesse, persuadé de l'effet. La jeune fille se laissa tenter et en acquit pour trois cent mille francs, payables par de nouvelles traites que le prince signa sans sourciller.

Ysaye rentra à Paris, régla la commission de

Richard, non sur la totalité, car il laissa naturellement ignorer qu'à Aix il avait triplé la commande. La première traite revint impayée.

Muni de sa procuration, le bijoutier se transporta à la Banque de la rue Saint-Lazare où on lui remit des titres de cinq cents et mille francs; mais qui, depuis longtemps, se vendaient au poids du papier.

Une longue enquête permit de retrouver le prince, redevenu Jh. Omer, et la nièce du roi de Chypre et de Candie, qui s'appelait Eugénie Petit et qui était l'amie du faux prince. Ils furent condamnés, par la Onzième Chambre correctionnelle, à un an et treize mois de prison.

Quant au bonnetier, il dut rendre les douze mille francs, fut poursuivi comme complice, bénéficia d'un non-lieu; mais succomba, miné par tous ces ennuis.

LE VOL AU NARCOTIQUE

Le vol au narcotique, soit par inhalation, soit par absorption, a toujours laissé les magistrats sceptiques. La justice ne poursuit qu'à contre-cœur ceux qui sont accusés d'avoir abusé du sommeil d'un patient pour le dévaliser. Tous les cas sont suspects.

1° Parce qu'il est très délicat d'appliquer un stupéfiant à un sujet et que la manipulation du chloroforme exige un apprentissage long et soigné.

2° Qu'il y a danger de mort chaque fois qu'on se sert d'un narcotique, même du plus inoffensif.

3° Parce que la science n'a pas encore à sa disposition un anesthésiant de la puissance de ceux dont parlent les romans. On n'endort pas en faisant respirer, à son voisin, un bouquet de roses, pas plus qu'en lui faisant boire une tisane de guimauve.

Voyons donc les derniers drames attribués au narcotique.

Le 17 juin 1925, une demoiselle Maria Belat, domestique chez Mme Page, vieille dame anglaise, domiciliée 4, rue Chauveau-Lagarde, et une voisine, Mme Bischoff, étaient endormies par deux malfaiteurs, jeunes et beaux, qui, profitant de leur sommeil, dévalisaient l'appartement et s'emparaient pour plus de cent mille francs d'objets d'art et de bijoux.

Voici les dépositions des deux victimes :

Mme Bichoff. — Ayant à parler à Mme Page, je vins sonner à sa porte, vers 4 h. 1/2. On m'ouvrit aussitôt; mais, au lieu de me trouver en présence de Mme Page ou de sa bonne, je fus reçue par deux individus qui me firent entrer, en me disant : « Madame va vous recevoir. » Quand je fus dans le salon, un des individus me saisit par derrière, pendant que son complice m'appliquait, sur la bouche, un mouchoir qui sentait horriblement l'éther. Il ne devait plus contenir beaucoup d'anesthésiant, car je ne fus que suffoquée, mais non endormie; pourtant, comme les malfaiteurs pouvaient me tuer si je remuais, je fis semblant de tomber dans une torpeur profonde. Satisfaits, les deux misérables confectionnèrent des paquets et se retirèrent.

Quand ils furent partis je n'eus qu'une idée, savoir si Mme Page et sa domestique n'avaient pas été assassinées. Je me précipitai donc vers la chambre à coucher et j'y trouvai Maria endormie. Je me suis mise à la recherche d'un flacon d'ammoniaque et j'ai réveillé la pauvre fille.

Voici, maintenant, la déposition de Maria Belat :

« Il était 4 h. 30. On sonne à la porte, j'ouvre. Un jeune homme élégant, très correct, me tend une lettre et me dit :

« — Pour Mme Page.

« — Elle est sortie.

« — Vous lui remettrez ceci; mais il me faut une signature.

« Je fis entrer le porteur de la lettre et je me mis à la recherche d'une plume et d'un encrier. Mais, après réflexion, je me dis :

« — Comment se fait-il que ce porteur n'a pas présenté de registre pour signer?

« Je me retourne et, au lieu d'un seul homme, j'en aperçois deux. Je pousse une exclamation. Alors, s'approchant de moi, le plus grand me prévient :

« — Pas un mot... pas un cri... ou gare à toi. On ne veut pas te faire du mal. On va simplement t'endormir.

« En même temps les deux individus me couchent sur le lit et m'appliquent, sur la bouche, un tampon d'éther. Un des bandits veut se livrer, sur moi, à des violences; mais l'autre lui ordonne :

« — Non, pas ça. Je m'y oppose absolument.

« Que s'est-il passé ensuite, je l'ignore. Je me suis endormie d'un profond sommeil et, quand je me suis réveillée, j'étais dans les bras de Mme Bichoff. »

Mme Darras, la concierge, a vu les deux scélérats, ils ont défilé devant sa loge avec des paquets; elle a cru que c'étaient des livreurs qui venaient du second.

Trois chiens qui se trouvaient dans la cuisine n'avaient pas donné signe de vie. Les avait-on endormis, eux aussi?

⁂

A Choisy. — A quelque temps de là, route de Choisy, à l'Hay-aux-Roses, la locataire d'une villa, Madame Thierry, trouve sa propriétaire, Mme Vve Elisabeth Giron, âgée de 86 ans, étendue sur son lit, le pan d'un mantelet dans la bouche, maintenu par une cordelière de rideau, les bras passés dans un corset et solidement attachés.

On réveille la vieille dame et elle raconte :

— A 5 heures du matin, je me suis réveillée et je suis allée fermer la fenêtre de ma chambre que j'avais laissée ouverte, puis je me suis recouchée et je ne me souviens plus de rien.

D. — Vous n'avez vu personne?

R. — Non.

D. — Vous n'avez rien senti, quand on vous a mis le baillon?

R. — Non, rien.

D. — On aurait pu vous assassiner?

R. — Je ne m'en serais pas aperçue.

Le pan du mantelet ne rendait aucune odeur particulière.

On avait volé une somme de dix mille francs.

⁂

La boulangère a des écus. — Le théâtre du drame est une boulangerie du boulevard Davoust. A 9 heures du matin, un individu assez grand et élégamment mis se présente; la boulangère est seule, derrière son comptoir. Le client prend deux croissants, s'approche pour payer. La commerçante, Mme Elise Plane, est saisie à la gorge par une odeur étrange qui se dégage de l'individu; mais elle n'attache aucune importance à ce détail et quitte son comptoir pour recevoir la monnaie. A ce moment, le client sort de sa poche un tampon qui sent la pharmacie, saisit la boulangère par le cou, lui applique le tampon sur la bouche ainsi que sur le nez et le maintient jusqu'à ce que Mme Plane s'évanouisse. Il couche la boulangère contre son comptoir, s'empare du contenu du tiroir-caisse qui renferme 55 francs, n'en dérobe que 40 et se retire tranquillement; en sortant, il croise deux gardiens de la paix qu'il salue gracieusement de la tête et disparaît dans la direction de la porte de Montreuil.

On ne l'a jamais revu; il ne semble pas avoir réédité un coup qui lui avait si bien réussi, s'il lui avait peu rapporté.

*
**

Les Espagnols de Pantin. — Encore une aventure qui a beaucoup amusé la commune de Pantin, si elle n'a pas eu de suites judiciaires.

Les héros en sont trois Espagnols...

Voici d'abord le récit de la victime, Bertrano :

« En rentrant chez moi, l'autre soir, vers six heures et demie, je venais d'être pris d'un malaise subit, rue Edouard-Vaillant, tout près de mon domicile; un passant s'approcha de moi et charitablement, crus-je, me tamponna les tempes avec son mouchoir. Que se passa-t-il ensuite? je ne le sais pas. Tout ce que je puis dire, c'est qu'à 9 h. 1/2, lorsque je repris seulement connaissance, j'avais fait beaucoup de chemin, puisque j'eus la surprise de constater que je me trouvais aux abords de la gare d'Austerlitz? Comment y étais-je venu? Mystère. Quant à l'inconnu, il avait disparu, ainsi du reste que mon portefeuille contenant 3.000 francs. Pour toute fortune, un mouchoir me restait, celui-là même dont s'était servi le passant pour m'essuyer les tempes... »

Bertrano remit au commissaire de police auquel il était venu se plaindre un mouchoir marqué à l'initiale S...

Voici, maintenant, la déposition de la fille de l'Espagnol, la brune Dolorès :

« Je suis convaincu que c'est mon ancien ami, Rodriguez, qui, avec l'aide d'un complice, a dévalisé mon père. Cet homme-là ne cessait de me réclamer de l'argent; il m'avait même demandé où nous cachions nos économies. J'avais eu l'imprudence de lui répondre que mon père les portait toujours sur lui... »

Enfin Rodriguez est entendu. Il s'écrie, les larmes dans la voix :

— Dolorès m'accuse, elle ment!

— Fouillez-le! s'écrie la brune enfant.

On fouille le pauvre Rodriguez et on découvre sur lui une bague.

— Il me l'a volée, affirme Dolorès.

— Elle me l'a donnée, déclare Rodriguez.

— Il n'est pas dans les habitudes, fait remarquer le commissaire, que les femmes donnent des bijoux aux hommes, à moins qu'en Espagne ce soit la coutume...

— Avoue, misérable! crie Dolorès.

Rodriguez baisse la tête et, à partir de ce moment, refuse de répondre.

Devant ce mutisme inexplicable, Rodriguez est envoyé en prison. Il n'y est pas resté.

***

Histoire invraisemblable et vraie. — En voici encore une qui, comme invraisemblance, dépasse les précédentes.

Dans la nuit d'un samedi de décembre, les gendarmes de Cercottes, près d'Orléans, découvraient sur la route, étendu au bord d'un fossé, un homme qui semblait dormir; ils le secouèrent. L'inconnu se réveilla à demi, murmura :

— Ma femme!!! Mes dix mille francs!!!

Puis il retomba dans un sommeil d'où rien ne put le retirer. On le conduisit, en automobile, à l'hôpital d'Orléans, où là on trouva sur lui des papiers au nom de M. J.-G. P..., natif de Liége, châtelain dans la Manche et garagiste à Paris.

Le lundi, le dormeur se réveilla enfin et raconta la fantastique histoire qui suit :

« Le 10 décembre, je traversais la place Victor-Hugo, à Paris, pour me rendre à Pantin, lorsque j'ai été assailli par plusieurs individus qui m'ont jeté dans un taxi et m'ont chloroformé. Je me suis réveillé dans une petite chambre où je ne percevais le jour que par une lucarne et où je suis resté dix jours, attaché et couché sur un matelas. Les bandits dont j'étais le captif m'avaient enlevé une somme de 11.000 francs, mais ils voulaient que je leur indiquasse la cachette où j'enfermais ma fortune. J'avais beau leur affirmer que je n'avais pas d'argent caché, ils s'entêtaient. Enfin, samedi soir, ils m'ont détaché, m'ont endormi de nouveau... et les gendarmes m'ont réveillé sur la route d'Orléans. »

Le Belge fut ramené à Paris. Une enquête discrète fut faite autour de lui pour connaître les mobiles qui avaient pu lui suggérer ce tragique roman. On ne découvrit rien d'anormal.

Il faut croire que les histoires de vols au narcotique ont le don de déterminer des épidémies; en effet, quelques jours après que les journaux eurent raconté cette aventure, on relevait, dans le bois de Vincennes, un homme endormi qui, difficilement réveillé, déclara se nommer Roger Bauveau et raconta :

« Perdu dans le Bois, j'ai demandé mon chemin à un monsieur et une dame qui traversaient une allée; ils m'ont offert de diriger mes pas et, soudain, se sont élancés sur moi, m'ont endormi, puis m'ont dévalisé... »

*
**

Jour de terme. — Voici un attentat qui sent moins le « chiqué », comme disent les policiers, que les précédents :

Un jour de terme, le mercredi 15 avril, une concierge de la rue Voltaire, à la Garenne-Colombes, Mme Marie G... avait encaissé les sommes dues par les locataires.

Vers 17 heures, elle fut trouvée étendue sur son lit et solidement bâillonnée. La voisine, qui l'avait découverte dans cette situation, la croyant morte, appela au secours. Quand Mme G... eut été délivrée, elle fit le récit suivant :

« Une première fois, samedi, puis mardi, un jeune hommes, vêtu d'un pardessus noir à taille, s'est présenté à moi, me demandant si Mme Gautier, la propriétaire, était rentrée.

« — Non, répondis-je, mais si vous avez une commission à lui faire, vous pouvez me la confier.

« — Je vous remercie, répliqua mon interlocuteur. J'ai absolument besoin de la voir pour une affaire personnelle.

« Et il s'éloigna.

« Hier soir, vers 5 heures, le même personnage qui, cette fois, avait revêtu un imperméable jaune, pénétra brusquement dans la loge. Une femme très fardée, portant un manteau de fourrure et coiffée d'un chapeau noir dissimulant ses cheveux et ses yeux, l'accompagnait. A peine étaient-ils entrés que cette femme, sortant un revolver de sous son vêtement, le braqua sur moi, me disant :

« — Si tu cries, je te brûle!!!

« L'homme ne prononça que ces deux mots :

« — Ton pognon!!!

« Muette de peur, je leur désignai le buffet et je tombai évanouie.

« Deux heures plus tard, quand je revins à moi, j'étais allongée sur le lit et mon petit garçon, âgé de deux ans et demi, qui dormait quand le couple entra dans la loge, était à genoux, à côté de moi, et tirait sur le mouchoir et la serviette qui me bâillonnaient, essayant ainsi de me tirer de ma torpeur.

« J'avais les jambes et les mains ligotées et j'étais attachée au pied de mon lit. J'appelai au secours. Mes cris attirèrent Mme C... qui entra par la porte de la cour, car les malfaiteurs avaient poussé le buffet devant l'entrée de la loge qui donne sur le couloir. Ma locataire me délivra de mes liens et alla prévenir la police.

« Je ressens, derrière la tête, une forte douleur, conséquence probable de ma chute. Je suppose que, tandis que la femme tenait braqué son revolver sur moi, l'homme m'a endormi à l'aide d'un narcotique puissant et qui sentait bigrement mauvais. »

D'après les constatations, les voleurs auraient fait main basse sur 1.200 francs placés dans un tiroir du buffet et 50 francs appartenant à la concierge et qui se trouvaient dans le second tiroir du même buffet. Par contre, une autre somme de 3.000 francs, faisant également partie de l'argent du terme, dissimulée dans l'armoire sous une pile de torchons, et trois billets de cent francs, appartenant à la concierge et cachés sous une pile de draps, avaient échappé aux investigations des deux bandits.

Le baron et la comtesse. — Un 28 juin, la comtesse Dauris de A..., venant de Londres, descendait dans un grand hôtel de Paris où, dès son arrivée dans le hall, elle faisait la connaissance d'un autre voyageur qui se présenta comme étant le baron de Leden; ce gentleman avait un secrétaire du nom de Nometh qui ne lui cédait en rien pour l'élégance.

La comtesse, mise en confiance par quelques semaines de relations aimables, invitait, le 23 juillet, le baron et son secrétaire à prendre le thé chez une de ses parentes, quai de Passy, où elle allait bientôt habiter définitivement.

Pendant qu'on prenait le thé, le baron éloigna les domestiques et versa, dans la tasse de Madame d'A..., un narcotique puissant.

Quand la jeune femme se réveilla, ses deux invités avaient disparu en emportant trois bagues d'une valeur de 150.000 francs.

Les trois bagues furent retrouvées chez des marchands de Vichy et d'Aix-les-Bains.

Le baron, qui se nommait très prosaïquement Klar, ne put être arrêté. Le secrétaire fut retrouvé en compagnie d'un artiste de cinéma et d'un professeur de danse, avec lesquels il préparait de nouveaux exploits.

LE CHÈQUE SANS PROVISION

Tant qu'une législation sévère n'aura pas fixé une pénalité sérieuse contre les émetteurs de chèques sans provision, l'utilisation du chèque restera réservée à une catégorie de capitalistes.

On avait proposé d'assimiler, en matière de répression, l'émission du chèque sans provision à celle de la fausse monnaie. C'était une solution. On a cherché le moyen de rendre impossible les faux chèques, mais, jusqu'à présent, on n'a trouvé que des combinaisons qui gênent la rapidité nécessaire aux transactions par effets.

Comme exemple de l'escroquerie au chèque, citons un cas dont s'est occupé le Parquet de Versailles. Un individu, s'étant procuré le nom d'un gros client de la succursale d'un établissement de crédit d'Argenteuil, avait tiré sur la Banque de France, à Paris, un chèque de 205.000 francs. Un complice avait fabriqué les cachets et les faux papiers. Il reçut 20.000 francs lorsque le chèque eut été encaissé.

Le procédé le plus employé consiste à laver le chèque et à remplacer la somme portée par une plus forte. Le vol le plus important perpétré par le chèque est celui dont furent victimes deux banques anglaise et française auxquelles un financier d'occasion fit sauter sept millions.

Confiance! Confiance! — Il faut croire que les commerçants ont, quand même, une grande confiance dans le chèque, puisque la 13e Chambre correctionnelle a condamné une Américaine du Sud qui avait payé, avec des chèques sans provision, 214.000 francs chez les couturiers et 177.830 francs chez les modistes.

Plus fort encore. Une Société industrielle fait un emprunt de 380.000 francs qui lui est versé en un chèque; elle donne en garantie pour 790.000 francs de titres. Son emprunteur négocie les titres et la Société ne touche pas un centime, car le chèque était sans provision.

Trois zéros. — Il est des cas où il est matériellement impossible d'éviter l'escroquerie.

Le patron d'un hôtel reçoit un voyageur qui, à peine installé, semble s'intéresser beaucoup au rendement de l'établissement.

— Mais, dites donc, s'écrie un jour l'hôtelier, importuné par les questions indiscrètes du client, vous vous livrez à une véritable expertise sur ma maison?

— Pourquoi pas? répond le client.

— Comment pourquoi pas?

— Si vous y trouvez votre profit. J'ai l'intention d'acheter votre hôtel.

— Il fallait donc le dire!

— Jamais de la vie, pour que vous fassiez

comme certains de vos collègues qui, afin de prouver qu'ils ont une nombreuse clientèle, logent à crédit des amis ou des comparses.

— D'abord, je n'aurais pas fait cela, pour l'excellente raison que je ne veux pas vendre mon établissement.

— En y mettant le prix?

— Comptant?

— Oui, comptant.

— Sans marchandage?

— Tenu.

— Quatre-vingt mille francs!

— C'est cher.

— C'est à prendre ou à laisser.

— Soit, allons-y pour 80.000 francs; mais je veux savoir si j'ai en banque une provision suffisante pour vous payer.

— Vous me payerez chez le notaire.

— Non, je veux un engagement précis. Comme je dois partir pour Bruxelles, lundi matin, vous serez mon gérant, en attendant mon retour et la signature du contrat de vente.

Les deux hommes se rendent dans un grand établissement de crédit, où le voyageur demande le solde de son compte. Pendant l'opération, l'hôtelier va transmettre un ordre de bourse à un autre guichet. Quand il revient, le client lui montre le papier qu'on vient de lui remettre au guichet des comptes courants. La feuille porte le chiffre de 125.000 francs.

C'était un samedi et il était midi. Comme les établissements de crédit font la semaine anglaise, on allait fermer.

10

En rentrant à l'hôtel, le client trouve une dépêche à son adresse ainsi conçue : -

« *Avancez départ, présence indispensable et urgente.* BOILEAU. »

— Zut! s'écrie le voyageur, si j'avais su, j'aurais retiré mes fonds. Demain, c'est dimanche, impossible de toucher avant lundi 9 heures du matin.

— Combien vous faut-il? propose l'hôtelier.

— Le prix de votre maison est 80.000 francs?

— Oui.

— Avez-vous 20.000 francs?

— 10.000 seulement.

— Je vais vous remettre un chèque de 90.000, voulez-vous?

— C'est cela.

— Vous allez me signer un reçu de 80.000 portant engagement de vente.

— Parfait.

Chèques et reçus sont échangés; l'hôtelier verse 10.000 francs à son voyageur, qui part le soir même pour Bruxelles.

Le lundi matin, l'hôtelier va pour toucher le chèque et apprend que la provision de son client ne dépasse pas 125 francs.

L'escroc, le samedi, pendant que l'hôtelier donnait ses ordres de bourse, avait ajouté trois zéros au 125...

Il n'est pas difficile d'émettre des chèques sans provision; le tout est de savoir s'y prendre...

LES FAUX POLICIERS

Les méfaits commis par des individus qui abusent du titre d'inspecteur de police sont fréquents. Il arrive, parfois, qu'un des complices a été de la police, il y en a même eu qui en étaient; mais, pour l'honneur de la corporation, reconnaissons que c'est très rare. Sur un effectif tel que celui que représentent en France les forces de police, il se glisse fatalement quelques brebis galeuses.

Mon premier grand reportage, à Paris, fut un vol resté célèbre et où les escarpes se firent passer : l'un, pour le Préfet de Police en personne, un second, pour commissaire aux délégations spéciales et judiciaires, le troisième, pour le secrétaire du commissaire; le quatrième, pour le brigadier Rossignol, et les deux autres pour inspecteurs de la Sûreté. On croit qu'il y en avait un septième; ce dernier devait être le cocher de fiacre qui conduisit une partie de la bande.

Le 28 janvier 1893, à 5 heures du soir, quatre hommes, correctement vêtus, deux avec des chapeaux haut-de-forme et des redingotes, gantés, canne à la main, les deux autres avec de démocratiques « melons » et en vestons, se présentèrent aux époux Quézel, concierges, 24, avenue

Marceau. Celui qui paraissait le chef questionna à peine poliment :

— C'est bien ici l'hôtel particulier du marquis de Panisse-Passis?

— Oui, monsieur, répondit le concierge.

— A côté?

— C'est l'hôtel du prince de Wagram.

— Le marquis de Panisse-Passis est-il ici?

— Non, monsieur.

— Où est-il?

— De quel droit me posez-vous cette question?

— J'ai bien envie de vous le faire savoir en vous expédiant au Dépôt et plus vite que ça...

— M. le Marquis est actuellement, et pour tout l'hiver, à son château de Villeneuve, près de Menton.

L'homme reprit d'un ton dégagé :

— Je suis commissaire aux délégations spéciales et judiciaires. Je suis chargé par M. Franqueville, juge d'instruction, de perquisitionner, 24, avenue Marceau. Puisque le patron n'est pas là, c'est vous qui le remplacerez et qui assisterez à l'opération.

Mme Quézel intervint et déclara :

— Nous n'assisterons à rien du tout. M. le Marquis n'est pas là. Revenez.

— D'abord, vous, répliqua ledit commissaire, je ne vous adresse pas la parole. Inspecteurs, vous allez me ficeler cette femme pendant que son mari montera avec nous.

La concierge fut ligotée, portée dans sa cuisine et gardée à vue par un homme; puis, le commissaire et son secrétaire, ainsi qu'un inspecteur, montèrent au premier.

Avant de commencer la perquisition, le commissaire s'installa à une table, prit du papier, sur un bureau, ordonna à son secrétaire d'écrire et fit subir au concierge un interrogatoire en règle. Après lui avoir fait décliner ses noms et prénoms, son lieu de naissance et toute la lyre, il lui posa la question :

— Votre maître, le marquis de Panisse-Passis a reçu, ici, Arton, et a conspiré avec ce dernier contre la République ?

— J'ignore qui reçoit M. le Marquis. Le saurais-je que je ne vous le dirais pas.

A ce moment entra un monsieur barbu qui s'écria :

— Monsieur le commissaire, vous n'avez pas besoin de prendre des gants avec des adversaires irréductibles du régime. Je suis M. Lozé, Préfet de Police. Allez, emmenez-moi immédiatement cet homme et sa femme au Boulevard du Palais !

Le concierge, cramoisi, balbutia :

— Mais, monsieur le Préfet, je ne refuse pas d'assister à la perquisition.

— Dans ces conditions, si vous ne voulez pas que nous forcions toutes les serrures, donnez-nous les clés ?

— C'est ma femme qui les a.

A la grande stupéfaction de M. Quézel, le commissaire prit l'accoustique, comme s'il savait parfaitement que l'appareil communiquait avec la loge, et ordonna :

— Détachez la concierge et faites-la monter, avec les clés.

Pendant toute la nuit, jusqu'à 5 heures du matin, les voleurs explorèrent l'hôtel, de la cave au grenier, n'épargnant ni les chambres d'enfants ni celles de bonnes, ouvrant les armoires, fouillant les meubles, fracturant les secrétaires, quand il n'y avait pas de clés.

A minuit, une tapissière pénétra dans la cour, dont la porte fut refermée. Les faux policiers, aidés de deux ou trois complices, empilèrent, sur le véhicule, le linge, l'argenterie et les pendules.

Quand le concierge protestait, en faisant remarquer :

— Mais M. le juge d'instruction n'a pas besoin de ce sucrier qui ne contient ni bombe, ni papier, ni document?

Le commissaire répliquait :

— Ta gueule, cloporte de malheur! ou je te bâillonne avec un drap de lit!!!

Si la concierge réclamait une couverture comme lui appartenant :

— Tais-toi, Fanny, lui intimait le commissaire.

— Comment savez-vous que je m'appelle Fanny?

— Si je ne le savais pas, je ne serais pas de la police!...

En connaisseur, un des aigrefins fit décrocher des tableaux provenant du château Borély, vendu, à la ville de Marseille, par la famille du marquis. Il y avait un Wouvermans, un Peter Neefs, un Ruysdaël, un van Miéris, un van Waël et deux Téniers.

Avant de vider les lieux, le faux commissaire rédigea un procès verbal de saisie qu'il fit signer par M. Quézel, puis il fit ligoter le concierge et sa femme, les fit enfermer dans le sous-sol et se retira. A 6 heures seulement, le laitier délivra les prisonniers.

On juge de la stupéfaction de Paris, le lendemain, en apprenant cet audacieux attentat; on était en pleine période anarchiste... Le vol fut attribué aux partisans de la propagande par le fait. On se trompait. Le principal auteur du pillage de l'hôtel était un certain Alléaume qui avait déjà opéré deux fois, dans des conditions moins bruyantes, mais tout aussi productives.

La fameuse Mme de Tessancourt. — Trente ans après, Mme Fanny Robert, la comtesse de Tessancourt, devait être l'objet d'une semblable mésaventure.

Le 26 octobre, elle recevait un coup de téléphone d'un monsieur qu'elle avait rencontré à l'Ermitage et qui lui avait dit s'appeler Menier, il lui fit part :

— J'ai un bracelet à vendre, je puis le céder à bon marché. Profitez de l'occasion, vous ne le regretterez pas.

— Soit, répondit-elle, apportez-le.

Le bijou lui fut remis et un joaillier l'estima dix mille francs.

Deux jours après, un monsieur et une dame se présentèrent chez Mme de Tessancourt et lui dirent:

— On nous a volé un sac à main, contenant un bracelet et une somme de cinq mille francs; c'est vous qui les avez recelés. Il faut nous rendre le sac et le contenu.

A la suite d'une assez longue discussion, Mme Fanny Robert finit par rendre la bague et la somme contre un reçu qui fut signé « Prud'hon et Verrier ».

Elle croyait en avoir terminé avec le bracelet, quand le lendemain, 29 octobre, on sonna à sa porte, elle ouvrit; trois hommes pénétrèrent dans la pièce; l'un d'eux, poussé brutalement, vint presque tomber aux pieds de la maîtresse de la maison, qui reconnut en lui Menier, l'homme à la bague.

— Je suis l'inspecteur principal Béthuel, déclara un des individus. Je suis chargé par M. Bacquart, juge d'instruction, de retrouver, chez vous, un bracelet que vous a remis cet individu.

Et, ce disant, le faux Béthuel et son complice saisirent Menier par les mains, autour desquelles ils passèrent un cabriolet, puis ils le frappèrent, à tour de bras, en répétant :

— Bandit! Scélérat! Crapule!

Mme de Tessancourt intervint :

— Grâce! implora-t-elle, ne le tuez pas!

— On ne tuerait pas quelque chose de bien propre.

— Je n'ai plus le bracelet.

— Il a tout avoué. N'essayez pas de nous induire en erreur.

Elle montra le reçu signé : Prud'hon et Ver-

rier. Naturellement, les faux policiers ne voulurent
rien entendre.

Ils firent passer le chauffeur et le valet de
chambre de Fanny dans une pièce voisine. En
présence de leur prisonnier et de la comtesse, ils
perquisitionnèrent et saisirent pour cinq cent
mille francs de bijoux, tout ce qu'ils purent râfler.

Le faux inspecteur principal dit, en se retirant :

— Je prends ces bijoux, je vais les remettre au
juge d'instruction. Si, comme je le crois, ces objets
sont bien à vous, M. le juge vous les rendra.

Quelques jours après, les trois auteurs de cette
opération extra-judiciaire : Menier, Dutheil de la
Rochère et Barbiéri, étaient arrêtés.

Chez un courtier en diamants. — Le 23 novembre 1926, un courtier en diamants de la rue de
la Tour-d'Auvergne passait, à 16 h. 15, rue Lafayette, lorsque deux individus l'accostèrent et
lui montrèrent un mandat d'amener délivré par
le Parquet de Versailles à la suite d'une plainte,
avec constitution de partie civile.

Le courtier protesta :

— On n'avait qu'à me convoquer! Je me serais
rendu libre à Versailles.

— On a dû le faire, répondit un des faux
agents de la Sûreté générale. Aussi, vous n'avez
qu'à nous suivre, nous sommes persuadés que
vous serez, à Paris, pour dîner.

— Dans ce cas, je ne préviens pas ma femme.

— Pourquoi lui occasionner de l'inquiétude?
Allez et faisons vite!

Le courtier monta dans un taxi qui attendait. Il aurait dû se méfier, à ce moment-là.

En route, rue de Sèvres, à Ville-d'Avray, les agents fouillèrent le prisonnier et lui enlevèrent 350 francs en billets et trois diamants de 11.000, 16.000 et 20.000 francs. Peu après, une panne se produisit.

— Tout le monde descend ! ordonna le chauffeur.

Le prisonnier descendit le premier; à peine avait-il mis le pied sur la chaussée qu'il recevait un coup de poing et allait rouler dans le ruisseau; puis, l'auto fila à toute allure.

Les malfaiteurs furent, cette fois encore, arrêtés.

Que dira ma femme ? — Plus habilement procédaient trois jeunes repris de justice qui s'étaient fait imprimer de fausses cartes d'inspecteurs de la police judiciaire; ainsi armés, ils allaient, vers minuit, se poster à proximité d'une maison spéciale du quartier de la Madeleine et attendaient la sortie des clients qui devaient leur être signalés par un complice, en service à l'intérieur.

Quand le noctambule se montrait, les trois malfaiteurs s'avançaient, lui montraient leurs cartes et disaient :

— Vous devez savoir que la maison d'où vous sortez est interdite?

— Interdite par qui? protestait le client.

— Par arrêté du Préfet de police, en date du 15 courant.

— Pourquoi la laisse-t-il ouverte?

— Afin d'y pincer des malfaiteurs qui ont dérobé pour six millions de titres dans une banque anglaise. Puis, assez d'explications! Suivez-nous au poste. Ou bien, si vous voulez, allons vérifier, ensemble, votre domicile. Si votre femme ou vos enfants certifient que c'est bien vous, vous ne figurerez pas sur les registres de la police.

— Je ne tiens pas à ce que ma femme sache cela.

— Elle le saura encore plus sûrement, si vous allez au poste.

En chemin, un des faux agents déclarait :

— C'est malheureux d'aller flanquer la désunion dans une famille pour une telle peccadille. Monsieur dit la vérité?

D'un mot à un autre, le noctambule versait 100, 200 ou 500 francs et recouvrait sa liberté.

Les vrais agents. — Jusqu'à présent, nous n'avons vu opérer que de faux agents. Nous allons en découvrir un véritable.

Quatre individus étaient signalés à la police comme se livrant à de fructueux chantages contre des femmes ou des hommes en bonne fortune. Des interdits de séjour avaient payé pour n'être pas dénoncés, enfin des pharmaciens, surveillés parce qu'on les soupçonnait de vendre de la cocaïne, avaient été visités. Pour que les coups réussissent, il fallait évidemment que les maîtres chanteurs eussent des intelligences dans la police. Une longue surveillance finit par démasquer un gardien de la paix du 17ᵉ arrondissement.

Il avait organisé, en personne, la bande et s'amassait des rentes au moyen de ce trafic. Il venait de se faire bâtir une superbe villa.

Et l'on s'étonne parfois de la rapidité de certaines fortunes!...

L'ESCROQUERIE AU MARIAGE

Elle vous guette, chaque jour : femmes mûres, veuves coquettes et jeunes filles. Elle vous ruinera : vieux barbons, veufs consolés ou jeunes fats qui cherchez l'amour et la beauté.

Cette institution ou convention sociale qui se nomme le mariage, et qui ne devrait avoir pour but que la constitution de la famille, a le don d'éveiller toutes les cupidités et d'excuser les pires excès.

Dans les deux ou trois cents dossiers d'escroqueries au mariage qui encombrent, tous les ans, nos parquets et tribunaux, on trouve, parmi les délinquants, des pères de famille de plusieurs enfants, des souteneurs, des aristocrates, des étudiants, des médecins, des politiciens, des femmes du monde, des demi-mondaines, des femmes dites honnêtes, car il n'y a pas que les hommes qui promettent le mariage pour se procurer des fonds, il y a aussi des femmes; mais, généralement, ces procédés frisent de si près l'entôlage que les victimes n'osent pas rendre publiques leurs turpitudes.

Ne croyez pas que les pauvres femmes qui se laissent conter des boniments par d'adroits filous soient des simples d'esprit. Pas du tout.

Des femmes fort intelligentes se font rouler, comme de vulgaires bonnes.

Entre nous, dans la plupart des cas, le sentiment qui a fait agir la plaignante n'est nullement avouable. L'amour, la passion aveugle ne sont pour rien dans les tractations et les marchandages; il y a de tout dans l'escroquerie au mariage : de la haine, de la vengeance, de l'orgueil, de l'envie, de la sottise surtout; rarement un sentiment noble et pur dépourvu de calcul.

Son Altesse. — Si les chambres correctionnelles n'étaient pas là pour rendre publiques les invraisemblables histoires d'escroqueries au mariage, personne ne voudrait croire que la naïveté des gens puisse atteindre une telle envergure.

La scène se passe à Montmartre. Un garçon livreur porte un paquet chez un représentant de commerce des Batignolles; comme il est forcé d'attendre le retour du patron, il se met à fredonner un air étrange, d'une grande douceur et chantonne également, dans une langue non moins étrange qui émut la fille de la maison.

Mlle Cécile, la jeune fille, vient questionner le livreur qui pousse un gros soupir et, avec un léger accent levantin, raconte qu'il est malheureux, que son nom et sa naissance le désignaient pour une autre situation, combien plus brillante! Mlle Cécile, curieuse, veut savoir. Le jeune homme fond en larmes. La maman de Cécile accourt; on console le garçon livreur qui finit, après avoir exigé le secret absolu, par avouer qu'il est Persan, qu'il s'appelle le prince Ipashan Jamolo Jamilor et que son père, condamné à mort par le Shah, a été exécuté sur la place publique.

— Alors, prince, s'écrie Mlle Cécile, vous êtes ruiné?

— Mes biens, qui valent peut-être cent millions, répond le prince, sont sous séquestre; mais, hélas! comment pourrai-je entrer en leur possession puisque je suis obligé de cacher mon état civil et de faire le porteur de paquets, pour vivre?

Quand le père de Cécile entre, on le met au courant du fait.

— Il faut bien voir si ce qu'il dit est vrai? émet le papa, naturellement soupçonneux.

Le prince est gentil garçon! Mlle Cécile le revoit, en cachette, ainsi que la maman, qui lui achète un complet neuf, afin qu'il puisse faire figure dans le monde.

Un mois après, le prince est reçu à la table du papa de Cécile. N'a-t-il pas montré, à monsieur, des papiers écrits en caractères musulmans et qui, traduits par un interprète persan, amené, il est vrai, par le prince, ont été reconnus comme étant des actes d'état civil...

Son Altesse daigne condescendre à s'apercevoir que Cécile est jolie. Les fiançailles sont décidées; mais, pour se marier, il faut avoir l'autorisation du Shah qui consent à rendre au prince une partie de ses biens. Afin de provoquer cette autorisation, il est indispensable de se rendre en Perse. La fiancée et sa mère iront se jeter aux pieds de Sa Majesté.

Le papa vend une propriété et remet au Persan une somme de 61.000 francs.

L'ancien garçon livreur, sous le prétexte de se rendre à Marseile pour retenir une cabine à bord d'un paquebot, prend le train et on ne le revoit plus.

On le retrouva deux ans après, commerçant. Il avait acheté, avec l'argent de son futur beau-père, un hôtel sur la Côte d'Azur, sous son véritable nom de Tunisien; il était marié et père de deux enfants. Or, Mlle Cécile, sans le dire à sa maman, lui en avait donné un troisième, en son absence.

A Belleville. — Un autre escroc de ce genre-là, mais celui-là père de sept enfants, fit le même coup à un rentier de Belleville :

Il se prénommait Camille. Ayant fait la connaissance du rentier, il lui demanda la main de sa fille. Afin de prouver qu'il avait de la fortune, il acheta la maison de son futur beau-père, sans la payer naturellement. Il fit faire un voyage à sa fiancée, afin de la présenter à sa famille, dans le Dauphiné. Finalement, il emprunta 6.000 francs à un des parents de sa future et disparut. Quand on retrouva son adresse, on apprit que le scélérat avait abandonné sa femme et ses enfants, et ne vivait plus, depuis, que de l'escroquerie au mariage.

Petites annonces. — Le souvenir de Landru, qui tenta si souvent l'escroquerie au mariage et écrivit à plus de trois cents fiancées, est-il à ce point oublié que le coup, qui coûta la vie à onze de ses victimes, se perpétue?

Ayant passé la trentaine sans avoir trouvé chaussure à son pied, Mlle Louise B... résolut de faire naître l'occasion qui ne se présentait pas. Elle fit donc paraître une petite annonce — encore une chose dont il faut se méfier — ainsi conçue :

« Personne sérieuse, 35 ans, femme d'intérieur, « désire mariage avec monsieur ayant situation « et références. »

Mlle Louise reçut 112 réponses; elle n'aurait jamais cru qu'il y avait tant de maris en souffrance.

Elle fut longue à se décider; n'avait-elle pas l'embarras du choix et ce choix allait du militaire retraité à l'étudiant pauvre qu'un brillant avenir attendait. Enfin elle s'arrêta à un ingénieur de mines.

La première entrevue laissa Louise enchantée; la seconde la ravit. L'ingénieur était jeune et beau, il avait toutes les qualités et portait si bien la toilette! puis, c'était un homme sérieux, oh! combien! il ne se serait pas permis la moindre des privautés, au grand regret sans doute de la vieille fille!

Elle lui confia trois mille francs pour acheter des bagues et ne le revit plus. C'est-à-dire qu'un jour elle fut appelée, comme témoin, chez un juge d'instruction où elle eut la désagréable surprise d'apprendre que son fiancé était un repris de justice, lequel avait déjà été gratifié d'une demi-douzaine de condamnations.

Citoyen tranquille. — Il y a des bandits qui sont cyniques, tel le nommé Roll. Arrêté sur la plainte d'une malheureuse petite serveuse à laquelle il avait promis le mariage et fait vendre ses meubles, il fit cette monstrueuse déclaration:

— « Je vous avoue, monsieur le juge d'instruction, que j'ai amassé des rentes en abusant ainsi de la confiance des jeunes filles. J'ai été condamné cinq fois; mais ce sera la dernière, car j'ai caché mon magot. Quand j'aurai terminé ma peine, je me transformerai en un citoyen bien tranquille; à ce moment-là, la maison que je fais construire sera achevée et je ne devrai plus rien à personne.

Voyageur de commerce. — Se disant voyageur de commerce, un individu avait fait la connaissance d'une jeune fille, Mlle Germaine, demeurant chez sa mère, dans le Cher, et se fiança avec elle. Préférant que la noce eût lieu, à Paris, où il devait lui trouver une place, le voyageur de commerce prit le train pour la capitale. Germaine emporta avec elle un sac de voyage renfermant ses bijoux et quelques milliers de francs que lui avait remis sa mère.

Arrivé à la gare d'Austerlitz, le voyageur qui, négligemment, avait pris le sac à main, courut chercher un taxi et ne reparut plus.

Et nous pourrions en relater des centaines de cet acabit!

Escroquerie en famille. — Il y a trois ans, la police a arrêté le père et les deux frères, qui s'étaient associés pour exploiter l'escroquerie au mariage. Le père se faisait appeler duc de Vintignac; le fils aîné marquis, et le cadet comte.

Le trio opéra à Paris, à Biarritz, et dans d'autres villes; il s'emparait de l'argent et des bijoux de leur victime; quand la fiancée ne rendait pas, il la cambriolait ou la faisait chanter. Entre temps, au cours de leurs nombreux voyages entre Paris et les villes d'eaux, ils ramassaient, au passage, les valises mal surveillées. Jolie famille!

La belle d'Edouard. — Nous avons vu de quelle vilaine façon agissent les hommes qui abusent de la candeur et de la faiblesse des femmes; mais, quand une femme s'en mêle, c'est le bouquet!

Dans un casino très mondain d'une plage normande, un Parisien — appelons-le Edouard — décoré, conseiller de quelque chose de semi-officiel, possédant château, auto, hôtel particulier, dans le seizième arrondissement, donne des conseils à une femme charmante sur la façon de jouer et la fait gagner; elle le remercie; il l'invite à dîner, elle refuse; car, elle n'est pas de celles que vous croyez, comme dit la chanson.

Elle consent à dévoiler son prénom qui n'est pas banal : Ismélia; elle doit avoir la trentaine; elle n'est pas à la mode, puisqu'elle a conservé une chevelure superbe, couleur chocolat. Or, le gros Edouard qui, lui aussi, a dépassé la trentaine, a gardé, comme pas mal de Français, un faible pour les cheveux longs.

Ils se revoient souvent, au point que, pour ne pas la compromettre, le Parisien change de plage. Est-elle mariée ou veuve? a-t-elle coiffé Sainte-Catherine? Elle garde pour elle son secret et s'absente assez souvent, sans daigner en faire connaître la cause, à son adorateur qui en souffre, évidemment.

Afin d'avoir un droit sur Ismélia et de mettre un terme à ses voyages mystérieux, Edouard lui demande sa main.

La belle lui raconte alors une histoire très embrouillée sur son passé et sa naissance. Elle n'a pas d'état civil; elle est enfant trouvée ou plutôt abandonnée. Elle a été élevée, dans le plus grand secret, par des paysans chez lesquels une dame voilée l'a apportée, au maillot. Finalement, elle déclare qu'elle ne se croit pas en état d'épouser un homme plus riche qu'elle et ajoute, avec hauteur, qu'elle n'est pas à vendre.

Tactique classique, la femme doit tout refuser pour tout avoir.

M. le conseiller s'abouche avec un généalogiste qui fournit un état civil et des ascendants à la fiancée; mais, au moment de prononcer le « oui » fatal, Ismélia est prise de scrupules. Pour y mettre fin, Edouard offre une de ses propriétés à celle qu'il adore; cela ne la satisfait pas, elle craint les procès avec les futurs héritiers — car le conseiller a des enfants d'un premier lit.

Il consentit finalement à tout ce qu'elle voulut.

Ils se marièrent sous le régime de la séparation de biens; il lui reconnut un capital de 500.000 francs qu'il lui versa en compte dans une banque.

Le mariage eut lieu dans la plus stricte intimité, comme elle l'avait exigé, à la mairie d'un petit village de l'Eure. Le cortège passa devant l'église, sans y pénétrer, madame avait été élevée dans les principes laïques et antireligieux, ou elle était juive. Le soir même des noces, elle tomba malade; un médecin qui se trouvait là, comme par hasard, avec son auto, ordonna une opération chirurgicale immédiate, motivée par une crise d'appendicite; il l'emmena dans une clinique, à Passy, où Edouard vint la voir, le lendemain. Elle n'y avait pas paru.

Cinq ans après, Edouard la rencontra, à Vichy, avec un mari qu'elle avait épousé à l'âge de vingt ans; elle s'était fait couper les cheveux. Il fit conduire le couple au poste de police; mais, comme il ne put établir que cette femme, qui se prénommait Valentine, était Ismélia, il fut poursuivi pour dénonciation calomnieuse, condamné à vingt mille francs de dommages-intérêts, et faillit être inculpé de faux et usage de faux, falsification de pièces d'état civil, etc..., etc...

LE VOL A L'AMÉRICAINE

Les premiers malfaiteurs qui ont pratiqué ce genre de vol revenaient de l'Amérique du Sud. Il exige une somme considérable de patience de la part de ceux qui l'exploitent et une naïveté inconcevable de la part de ceux qui en sont victimes, à moins qu'il ne cache un bien vilain calcul !

Emigrant à l'âge de douze ans, Antonio Balicetti s'était embarqué, avec des centaines d'autres Italiens, pour aller tenter la fortune au Brésil ou dans la République Argentine ; pendant vingt ans, il avait travaillé d'arrache-pied, comme garçon de restaurant d'abord, puis comme cuisinier : il avait amassé péniblement une somme de quarante mille francs. A trente-deux ans, se considérant comme suffisamment riche, il avait repris le chemin de l'Europe, car il avait toujours eu la nostalgie du pays et de la famille.

Il débarqua donc, un beau matin de mai, à Marseille, sans avoir remarqué, en quittant le paquebot, qu'un groupe de trois individus l'avaient dévisagé. Un de ces individus, qui tenait à la main une lettre et une photographie, avait murmuré :

— Teint rougeaud, basané, entièrement rasé... loupe derrière l'oreille.

L'homme avait ajouté, en s'adressant à un de ses compagnons :

— C'est bien là Antonio Balicetti... Il n'y a pas d'erreur. Eloignez-vous; mais suivez-moi à distance... Toi, Carlo, tu interviendras quand je te ferai signe.

L'inconnu qui venait de s'exprimer ainsi s'avança droit sur le nouveau débarqué et l'interpella en italien :

— Signòr Antonio Balicetti?

L'immigrant se retourna, surpris, toisa l'homme et lui dit :

— Je ne vous connais pas.

— Tu es bien Antonio Balicetti? Je ne me trompe pas?

— Lui-même.

— Tu as bien travaillé à Buenos Ayres, chez Thomasso?

— Si.

— Nous avons souvent trinqué ensemble!

Se radoucissant, l'immigrant essaya de se rappeler, en détaillant son interlocuteur.

— Je ne te remets pas du tout! déclara l'Italien.

— Giacomo Franchetti.

— Non, je n'y suis pas.

— Tu as vu tant de monde!...

— C'est vrai.

— Je suis content de te revoir. On est si seul dans ce Marseille, quand on n'y connaît personne... Je suis arrivé, il y a trois jours... Mais allons prendre un verre, nous serons mieux, au café, pour causer...

Les deux hommes entrent dans un bar, consomment, puis sortent; comme ils se dirigent vers le centre de la ville, par la rue de la République, un monsieur très correct, bien mis, l'air d'un gentleman, les salue et leur adresse quelques mots en anglais.

— Nous sommes Italiens, lui fait remarquer Antonio.

L'autre sourit agréablement et répond :

— Moi aussi je suis Italien, mais né de parents anglais, je suis sir Barclay.

Les trois personnages se saluent cérémonieusement. L'Italo-anglais reprend :

— Pourriez-vous m'indiquer la Banque Nationale de Crédit?

— La Banque Nationale?... Connais pas, déclare Franchetti.

— Ni moi, confirme Antonio.

Sir Barclay reprend :

— Je suis très ennuyé... J'ai sur moi 125.000 francs que je dois verser.

Il sort son portefeuille et montre une liasse de papiers qui peuvent être des billets faux ou vrais. Il ajoute :

— Cela m'ennuie d'avoir pareille somme sur moi... J'ai peur d'être volé car je suis très distrait.

— Moi aussi, j'ai de l'argent sur moi, réplique Antonio, mais je ne crains rien.

— Vous avez l'air d'un brave homme, votre assurance me plaît. Je veux rester avec vous. Vous allez, avec moi, chercher l'adresse de ma banque.

Les trois étrangers reprennent le chemin du

Vieux Port, où sir Barclay, passant devant un grand café, propose :

— Voilà, je crois, un établissement convenable qui doit mettre à la disposition des clients un indicateur des rues de la ville ou le Bottin. Entrez avec moi, vous me tiendrez compagnie...

On pénètre dans le café; l'Italo-anglais offre des consommations de choix et se livre à des confidences; il raconte qu'il touche de fortes commissions dans la maison qui l'occupe, qu'il possède l'entière confiance de son conseil d'administration, promet à ses compagnons de rencontre de leur trouver une situation enviable, Antonio en reste médusé.

Mais sir Barclay ne cache pas qu'il est inquiet quant à la somme dont il a la charge, il a la hantise du vol et de la perte, comme une impression qu'il sera dévalisé dans la journée. Finalement, il demande à Balicetti :

— Voulez-vous me garder mon portefeuille?

L'immigrant accepte. Lui, n'a pas la crainte du larcin; celui qui s'aviserait de vouloir lui enlever son portefeuille trouverait à qui parler !...

Voilà donc Baticelli en possession d'une véritable fortune; il a placé le portefeuille dans une poche intérieure de son gilet, sous son veston soigneusement boutonné.

— Nous buvons, s'écrie soudain sir Barclay, mais nous ne fumons pas !...

— Voilà du papier et du tabac! offre Franchetti.

— Pour qui me prenez-vous? Je ne fume que le cigare de luxe, le pur havane...

— Je n'en ai pas sur moi.

— Il y en a au bureau de tabac... Monsieur Baticelli, voulez-vous aller nous acheter six cigares?

— Je veux bien, répond l'Italien; mais je ne sais où se trouve le débit.

— A cinquante mètres d'ici, en descendant vers le port, précise Franchetti.

— Allez-y, dit sir Barclay, nous vous attendons.

Baticelli se lève et va pour sortir; mais l'homme au trésor lui fait remarquer :

— Dites donc, vous, je ne vous connais pas plus que cela. J'ai confiance en vous, rendez-moi la pareille. Puisque vous avez mon portefeuille, confiez-moi le vôtre!

Sans méfiance, quoique un peu vexé, l'Italien ouvre son veston et sort son portefeuille qu'il remet à son compagnon.

Sir Barclay empoche les économies de Baticelli et lui ordonne :

— Vous me ferez la monnaie de cinq cents francs, car je vous invite à déjeuner.

Baticelli se met à la recherche du bureau de tabac, en découvre un; mais pas celui que lui a indiqué Franchetti et qui n'existe pas; il choisit les cigares, tire le portefeuille de sir Barclay, y cherche un billet de cinq cents francs pour le changer et n'y trouve que des valeurs des Pieds humides. Pourtant, comme il ignore complètement ce que valent les Mines de zinc du Sahara ou les Pétroles de la Butte-aux-Cailles, il revient précipitamment au café où il a laissé ses amis de rencontre et ne trouve plus personne.

**

Le public est naïf. — Quelquefois, le vol s'opère au moment de la remise du portefeuille; dans ce cas, il y a une substitution habile et il faut qu'au préalable le voleur ait eu connaissance de la forme et de la couleur du portefeuille de la victime.

On estimera avec juste raison que la naïveté de Baticelli a dépassé toutes les bornes. Ne croyez pas cela, des gens occupant des situations beaucoup plus élevées que celle de l'Italien s'y sont laissé prendre.

On lisait dans les journaux de Paris du 31 octobre 1926 :

« Venu en France depuis peu de temps, un riche habitant de Chicago, M. Wilfried Irving, faisait connaissance, dans un restaurant à la mode, d'un de ses compatriotes ou se disant tel, qui lui déclara se nommer Julius Daniels. Les deux hommes se lièrent et visitèrent ensemble la capitale.

Jeudi après-midi, comme ils se promenaient tranquillement sur la place de la Bastille, Daniels laissa tomber, par mégarde, la paire de gants qu'il tenait à la main. Un passant, qui se trouvait à proximité, ramassa vivement les gants et les tendit à leur propriétaire, en lui disant quelques mots en anglais...

— Trop aimable, lui répondit Daniels, dans la même langue. Vous êtes probablement Irlandais?

— Non, répondit l'inconnu, je suis de Chicago.

— Comment, encore un compatriote! s'écria M. Wilfried Irving.

— Samuel Folley, annonça l'Américain.

Et il énuméra ses titres et qualités, donna son adresse à Chicago. Les trois Américains allèrent au café et causèrent longuement. En se séparant, M. Irving invita Samuel à venir, le soir même, au théâtre. Ils y passèrent une charmante soirée et se revirent le lendemain.

De fil en aiguille, un jour, la conversation s'engagea sur le Vatican et la personnalité du Pape.

— Moi, dit Folley, je vais justement à Rome porter au Souverain Pontife un don de quarante mille dollars que lui offre un catholique de mes amis. J'ai la somme sur moi...

M. Irving déclara qu'il voulait joindre son obole au don généreux de son compatriote.

— Je n'ai pas mon argent sur moi, ajouta-t-il; mais venez à mon hôtel et je vous verserai cinquante dollars.

Folley passa d'abord à son propre hôtel et y prit une valise que M. Irving remarqua être semblable à la sienne.

— Vous l'avez achetée à Chicago? demanda-t-il.

— Oui, répondit Folley, chez votre fournisseur.

Les trois Américains se rendirent à l'hôtel de M. Irving, où ce dernier ouvrit sa valise et en sortit les cinquante dollars qu'il remit à Folley; mais, profitant d'un moment d'inattention de leur « ami », Folley et Daniels pratiquèrent la substitution des valises, puis quittèrent Paris pour n'y plus revenir. La valise laissée par Folley renfermait de vieux journaux.

***

Le riche Américain. — Un diamantaire hindou, M. Schik Harchand-Savaichand, demeurant 39, rue Victor-Macé, à Paris, recevait la visite d'un intermédiaire russe qui lui disait :

— J'ai à vous présenter un richissime Américain de passage qui désirerait acheter des perles fines.

— Je suis à sa disposition, répondit l'Hindou, qu'il vienne quand il lui plaira.

Le lendemain, le « milliardaire » se présenta et fit, sur le marchand, la meilleure impression. Comme références, il montra sa carte ainsi libellée :

BENJAMIN SILVER

« Broadway Sals Cº In weit-ments Knicker Doc-
« ker-Building, Times-Square nº 9. »

Le diamantaire fit jouer, sous les yeux du client, trois masses de grosses perles du plus bel orient et toutes choisies avec soin. D'abord, 597 perles, pesant 250 grains; puis 674 perles d'un poids de 215 grains, et, finalement, 50 de 57 grains, représentant une valeur de 600.000 francs.

— C'est tout à fait mon affaire, déclara l'Américain. Je suis preneur des trois lots. Je viendrai les prendre demain et je vous réglerai mon achat.

M. Benjamin Silver revint à l'heure convenue, sortit de sa poche une enveloppe dans laquelle M. Savaichand plaça les perles. L'acheteur cacheta avec sa cire et son monogramme; puis, très ostensiblement, il prit l'enveloppe et, d'un air détaché, fit quelques pas dans la pièce, en parlant de choses et d'autres ; mais, au moment de régler, il sortit son portefeuille et dit :

— J'ai oublié de me munir de la somme nécessaire et je n'ai, sur moi, que deux cent mille francs. Tenez, voici votre enveloppe, mettez-la dans votre coffre-fort, je viendrai la chercher demain.

— Donnez-moi toujours deux cent mille francs, proposa le diamantaire, vous me réglerez le reste demain...

— Je vous remercie de votre confiance, mais je n'en userai pas.

Le lendemain, l'Américain ne vint pas. L'Hindou ne s'en émut pas outre mesure. N'avait-il pas les perles ?

Les jours passèrent sans que M. Silver donnât de ses nouvelles. Un nouveau client s'étant présenté, le négociant brisa le cachet de l'enveloppe ; elle contenait des perles, mais celles-ci valaient bien cinq francs. Le filou avait habilement, sous les yeux de l'Hindou, opéré la substitution.

Et les femmes. — Les femmes ne dédaignent pas de se livrer à l'exercice du vol à l'américaine. Très élégante et fort gracieuse, une exquise blonde, qui se faisait appeler tantôt la comtesse Orika, tantôt la princesse Dakalinos, dame d'honneur de la reine de Grèce, opérait dans les villes d'eaux ; elle se liait avec des étrangères qui possédaient des colliers de prix, — pas moins du million, — leur promettait de les présenter à Sa Majesté et, en leur donnant des conseils sur la façon de s'habiller et de porter les diamants suivant l'étiquette, exécutait la substitution du collier.

Echange de voleurs. — La police parvient très rarement à mettre la main sur les voleurs à l'américaine, pour l'excellente raison qu'ils n'opèrent jamais deux fois de suite dans la même ville où ils ne séjournent que juste le temps de commettre leur méfait.

Deux Anglais, John O'Connor, né le 17 mars 1874 à Sydney (Australie), et James Casey, né en 1892 à Jerrava (Nouvelles-Galles du Sud), se firent pincer pour avoir tenté leur coup, deux fois de suite, à Paris. Le 20 février 1925, dans un café des environs de la gare Saint-Lazare, sous les faux noms de John Alery et de James Alen, ils avaient escroqué 32.000 francs à M. Douglas Jene Ellenworth, et, le 22 octobre suivant, 10.000 francs au docteur William S. Taylor. Ils voulurent dépouiller de la même façon M. Guillaume, commissaire divisionnaire du service des recherches, qui avait pris un nom anglais, mais ce furent eux qui furent refaits; ils n'en revenaient pas de cette mésaventure.

L'homme à l'oreille cassée. — Londres et Paris font un échange constant de voleurs qui se transforment, suivant les circonstances, en voleurs à l'esbrouffe, en voleurs à la tire ou en voleurs à l'américaine.

Dans un hôtel des bords de la Tamise, un courtier en bijoux avait placé sa valise, contenant pour deux millions de pierres, diamants et platine, sur une chaise à côté de lui, au lavabo, pendant qu'il se nettoyait les mains.

Soudain, il vit sa valise glisser comme si elle avait eu des roulettes et disparaître sous la chaise. Il se retourna, aperçut un petit bout d'homme dont il n'aurait fait qu'une bouchée, sautillant à quatre pattes, comme un lièvre, gagner ainsi la sortie; il voulut le saisir par le fond de son pantalon; mais le nain lui passa entre les jambes et lui fit faire une culbute ridicule où le colosse faillit se casser les reins, puis le voleur s'enfuit avec la valise.

Sur le champ du méfait, le bijoutier ramassa une moitié d'oreille postiche que le malfaiteur avait dû perdre dans la lutte. C'est ce qui devait le faire pincer.

En effet, toutes les polices d'Europe avaient, dans leurs signalements de malfaiteurs, celui d'un nain qui était chef de bande et qui avait déjà volé, à l'américaine, plusieurs millions, depuis Dublin jusqu'à Alexandrie.

On apprit à Londres que le voleur, qui, naturellement, était doté d'une trentaine d'états civils, travaillait à Paris. Des policiers traversèrent le détroit et rejoignirent le nain dans un hôtel du quartier Vendôme, et non le plus modeste. L'aigrefin s'était si bien maquillé qu'on ne parvint pas à le reconnaître; il avait même trouvé le moyen de se grandir.

Mais, un matin, vers cinq heures, un indicateur vint informer les policemen qui montaient la garde devant la colonne que le voleur allait rentrer à son hôtel. Ils virent apparaître un noctambule ivre au point que la place n'était pas assez large pour ses évolutions.

— Le voilà! dit l'indicateur.

Un policeman s'avança. Afin de ne pas se tromper et de ne pas commettre un impair, il saisit l'ivrogne par une oreille dont la moitié lui resta dans la main.

Il n'y avait pas d'erreur.

L'ivrogne voulut boxer; il fut aussitôt « ceinturé ». Le coquin était descendu à l'hôtel sous le nom de Mac Fortin. On perquisitionna dans sa chambre, où on découvrit une dame qui tenait la comptabilité du malfaiteur. Cette arrestation amena celles de trois autres femmes et de sept individus qui, tous, jouaient un rôle dans les opérations du chef.

Il était temps. La bande allait quitter Paris pour New-York, à la suite d'un richissime industriel qu'elle avait l'intention de dévaliser.

LES TRESORS CACHES

Tous les malfaiteurs, dès qu'ils ont de l'argent en poche, ne font pas la fête, comme on le croit généralement; il y en a beaucoup plus qu'on ne le suppose qui sont économes, et surtout prudents; craignant de se laisser entraîner à des dépenses exagérées qui les dénoncent, ils cachent le produit de leurs vols dans un jardin, dans une cheminée, dans un champ, dans un bois. Toutes les forêts autour de Paris, les bois de Vincennes, de Boulogne, de Saint-Germain ont leurs cachettes ignorées.

Parfois, un promeneur découvre un coin où la terre a été fraîchement remuée; il peut être persuadé qu'on a dû enfouir, là, quelque chose, à moins qu'on ne vienne de le déterrer.

Un des bandits qui avaient dévalisé la bijouterie Lévi, l'Homme au Marteau, avait caché sa part de butin dans le jardin de sa villa à La Varenne-Saint-Hilaire.

Un jeune employé de la Banque de France avait volé quatre cents billets de mille francs dont il avait eu la manipulation. Il fut arrêté à Bruxelles; comme il n'avait pas eu le temps matériel de se livrer à de folles dépenses, il fut invité à désigner l'endroit où il avait caché les « fafiots ». Il avoua les avoir enfouis séparément, dans le parc de Versailles, aux abords immédiats du Grand Trianon. Des fouilles furent entreprises et on découvrit, à l'endroit indiqué, quatre pots à confiture hermétiquement clos et renfermant chacun 90 billets de mille francs; soit un total de 360.000 francs.

*
* *

Au bois de Boulogne. — Dans le bois de Boulogne, un jardinier de la Ville de Paris piochait, un vendredi 13, au pied d'un arbuste situé dans un massif, en bordure du Bois, face à la gare, lorsqu'il mit à jour un lot de bijoux. Ceux-ci étaient mélangés à la terre et enfouis à une profondeur de trente centimètres environ, depuis très longtemps sans doute. On procéda à l'inventaire de la trouvaille; elle contenait 112 perles rondes blanches paraissant provenir d'un collier; une grosse perle entourée d'éclats de brillants montés sur platine, un fragment de bracelet composé de huit perles et de dix-sept petits brillants également montés sur platine. Sur ce dernier bijou figurait le nom d'un joaillier de la rue de la Paix qui avait sans doute vendu le lot. Ce commerçant n'eut pas de peine à retrouver qu'il avait vendu les perles à Mme de Beaurepaire. Cette dame se souvint qu'elle avait été cambriolée le 21 juillet 1914 et qu'on lui avait dérobé pour plus d'un million de bijoux.

Les perles provenaient d'un sautoir et une douzaine manquaient; le bracelet comprenait dix sa-

phirs séparés les uns des autres par des brillants;
enfin, il manquait une bague ornée d'un brillant.
Les jardiniers du Bois poursuivirent leurs recherches et, non loin de l'arbuste au pied duquel on
avait découvert les perles, on retrouva la bague.

On suppose que le voleur, mobilisé dix jours
après le vol, date à laquelle la guerre était décla-
rée, fut tué dès le début des hostilités et emporta
son secret dans la tombe.

En général, les voleurs n'abandonnent pas ainsi leur butin. Quand ils sont arrêtés avant d'avoir
pu rentrer en possession de leur trésor, ils disent
la vérité à la police ou au juge d'instruction. Mais
il y en a qui, soit que leur culpabilité ne soit pas
bien établie, soit qu'ils espèrent, leur prison pur-
gée, revenir sur les lieux de leurs exploits, gardent
pour eux leur secret et, au bout de cinq ans, une
nuit, viennent reprendre le trésor.

Dans la forêt de Montmorency, des gendarmes
surprirent deux femmes en train de piocher dans
un fourré; elles furent arrêtées et avouèrent que
l'ami de l'une, qui était le frère de l'autre, capturé
à la suite de plusieurs cambriolages, leur avait
fait parvenir de la Maison centrale de Melun, où
il purgeait sa peine, par un pensionnaire libéré,
une lettre dans laquelle il leur dévoilait qu'il avait
enfoui une partie des objets dérobés dans la forêt.
La lettre était accompagnée d'un plan qui avait
été mal lu par les deux filles. La police sut déchif-
frer ce plan et retrouver le magot.

Le trésor caché a été pratiqué de toute antiquité. Pendant les invasions des Barbares, combien

de Gallo-Romains confièrent à la terre des trésors qu'ils avaient voulu soustraire à la rapacité des Ostrogoths ou des Vandales et que l'on remet au jour seulement aujourd'hui! Sans remonter si loin, plus d'un habitant des pays envahis, en 1914, cachèrent, dans les caves, les jardins, les puits, partout où ils supposaient que leurs biens seraient en sécurité, des objets précieux ou autres, voire des machines à écrire. Les Allemands savaient si bien cela qu'ils fouillaient les moindres recoins des propriétés abandonnées en toute hâte.

Le trésor caché a eu ses escrocs. Qui n'a pas reçu, au moins une fois dans sa vie, une lettre d'Espagne révélant qu'un prisonnier d'Etat avait dû cacher un trésor qu'il partagerait avec celui qui irait le lui mettre en lieu sûr? Des commerçants, des rentiers, voire des fonctionnaires, s'y sont laissé prendre, sont allés en Espagne où on leur a extorqué des sommes variant de 5.000 à 50.000 francs. Ils sont revenus bredouilles. La justice française a été impuissante à découvrir les coupables.

Le « coup du champ ». — Ce coup, aujourd'hui éventé, ne vaut pas celui dont les victimes n'ont jamais voulu saisir la justice.

Des nomades étaient venus s'installer dans un champ en friche, sur la route de Dieppe, dans la grande banlieue de Paris. Le propriétaire du champ, un Parisien, passant par hasard au moment où les bohémiens calaient leur roulotte, leur dit:

— Si vous vouliez vous fixer ici, je vous céderais le terrain à bon compte et à tempérament.

— Vous voulez le vendre? questionna une gitane.

— Que voulez-vous que j'en fasse? Je l'avais acheté pour faire édifier une villa, mais j'ai trouvé, à Saint-Cloud, un endroit plus propice et moins loin du centre de mes occupations.

— Combien en voulez-vous?

— Un franc le mètre, soit 1.240 francs, puisqu'il y a 1.240 mètres.

— Si je vous le fais vendre plus, quelle commission me donnerez-vous?

— Nous partagerons au-dessus de 1.200 francs.

La gitane spécifia :

— Surtout, ne le vendez pas au premier qui vous en offrira 5.000 au 6.000 francs; mettez aux enchères... attendez la forte somme.

Le propriétaire éclata de rire :

— Vous plaisantez, reprit-il. Seuls, les « pedezouilles » du patelin peuvent acheter ça et ils n'en offriront pas 50 centimes le mètre alors qu'ils me l'ont vendu 3 fr. 50!...

— Est-ce convenu?

— Certainement.

— Parole de gitane. Pas besoin de passer un écrit.

— Voici mon adresse à Paris; si vous désirez un engagement écrit de ma part, je vous le remettrai.

Le dimanche suivant, sur la roulotte, était clouée une pancarte portant ces mots :

« Médium extra-lucide. Donne des consultations gratuites. »

Il y eut, comme on s'en doute, des amateurs! La gitane, qui se faisait endormir, promettait le bonheur à tous les jeunes gens, longue vie aux vieillards et la fortune à tous. Le garde champêtre, méfiant, soupçonna une escroquerie et se tint au courant, mais la pythonisse ne demandait ni argent ni bijoux.

Un vieux grigou tenta, à son tour, l'aventure.

La médium lui apprit :

— Un trésor est caché dans le champ sur lequel est installée ma roulotte. L'esprit m'ordonne d'en informer l'homme qui est devant moi, car il est l'unique héritier de cette fortune.

Le vieux, tout tremblant, questionna :

— Est-ce bien vrai ce que vous me dites là?

— Ton arrière-grand-oncle, ô noble vieillard, était fermier général dans cette contrée. Sous la Révolution, menacé d'être envoyé à l'échafaud, il a caché, dans ce champ, très profond, oui, très, très profond, quatre grandes jattes qui renferment chacune 100 kilogrammes d'or, des diamants et des bijoux qui valent plusieurs millions.

— Qu'entends-je, mon Dieu?

Au même instant, la gitane se réveilla.

— C'est vrai ce que vous m'avez raconté? questionna encore le vieux.

— Je n'en sais rien, répondit la gitane. Quand je dors, les esprits me dictent ce qu'ils ont à faire connaître à ceux qui leur demandent quelque chose. Mon rôle se borne à répéter ce que l'on me dit. Quand je suis réveillée, j'ai tout oublié.

Le client tendit au médium un billet de cinq francs, mais la gitane refusa :

— Si ce que je vous ai prédit se réalise, dit-elle, alors vous me récompenserez...

Le vieux se retira pensif et très ému. En rentrant chez lui, il en parla à sa femme. Cette dernière ne put garder le secret qu'elle confia à son frère.

Tant et si bien que le propriétaire du terrain recevait quatre offres successives d'achat de son terrain. Les quatre preneurs s'entêtèrent et firent monter le champ à 48.000 francs, soit 40 francs le mètre. Le propriétaire n'osa pas le laisser grimper plus haut et le laissa à 42 francs.

L'acquéreur fit tourner et retourner son champ pendant des mois; il fit creuser des puits. Tous les voisins avaient été mis au courant du fait et suivaient, avec un passionnant intérêt, les recherches. Le fisc — toujours lui — s'apprêtait même à intervenir, au moment propice, pour puiser dans le tas. Hélas! on ne trouva que de vieux chaudrons, une bouteille cassée et l'eau à dix mètres.

LES VOLS DE BIJOUX

Parmi toutes les boutiques, les bijouteries excitent tout particulièrement, et pour des raisons qu'il n'est pas difficile de deviner, les convoitises des voleurs.

Ne parlons pas des bandits armés de marteaux, qui font preuve de plus d'audace que d'ingéniosité, mais citons quelques exploits des « as escrocs ».

L'homme au bras en écharpe. — Celui-ci est connu, mais il vaut la peine d'être rappelé.

Un monsieur entre dans une bijouterie. Il a sans doute été victime d'un accident, car il porte le bras en écharpe.

— Bonjour, monsieur... je voudrais un bracelet de diamants.

Le joaillier s'empresse, le monsieur finit par choisir un joli bijou de 20.000 francs. Puis il dit au commerçant :

— Je n'ai pas l'argent sur moi, mais je vais le faire chercher à la maison par mon chauffeur. J'attendrai ici qu'il revienne avec les 20.000 fr.

Mais pourriez-vous me rendre ce petit service d'écrire sous ma dictée, car mon bras cassé m'empêche de tenir une plume.

Le bijoutier accepte, le client dicte :

— Veux-tu, je te prie, remettre 20.000 francs au porteur?

On cachette l'enveloppe, le monsieur la tend à son chauffeur qui, vingt minutes plus tard, revient avec la liasse de billets.

Le client sort avec son bracelet dans sa poche, salué par tout le personnel.

Le soir, quand le bijoutier rentra chez lui, sa femme lui demanda :

— A propos, pourquoi as-tu eu besoin de 20.000 francs cet après-midi?

— Moi! Quels 20.000 francs?

— Mais oui, tiens, tu m'as écrit ce mot : j'ai remis 20.000 francs au porteur comme tu m'en priais.

Le coup de la « boulette ». — Une affaire qui laissa longtemps perplexes les inspecteurs de la police est celle qui a été, depuis, baptisée « le coup de la boulette ». Vous remarquerez que, si la complexité d'un vol est une preuve de l'intelligence de l'auteur, la simplicité caractérise, chez un bandit, plus de finesse d'esprit. En tout cas, le « coup » simple est souvent celui qui réussit le mieux. Aussi, les maîtres de la « reprise individuelle » cherchent-ils d'abord à éviter toute combinaison compliquée nécessitant un concours

de circonstances et livrant la réussite de l'opération au hasard.

Un bijoutier des Grands Boulevards, bien connu
pour les attentats dont il fut maintes fois la victime, possède une collection de diamants digne
de tenter d'audacieux filous.

Avant la guerre, donc, un monsieur, fort cor-
rectements vêtu, entra dans le magasin et exprima,
dans une langue à demi étrangère, son désir
d'acheter un énorme solitaire. Immédiatement, on
s'empresse, la collection est tirée d'un coffre-fort,
mais rien ne semble satisfaire le riche client.
Pourtant, une pierre énorme, aux éclats magiques,
lui convient un instant. Il la regarde, la soupèse
et... tout à coup, elle disparaît. Comme il est occupé, le vendeur ne s'aperçoit pas tout de suite de
la subtilisation.

Au bout d'un instant, le monsieur remet les
joyaux sur le comptoir et fait mine de sortir.
Rien ne lui plaît. Il réfléchira. C'est à cet instant
que le vendeur compte sa marchandise. Il manque
une pierre. Les portes se ferment à double tour et
un agent de police arrive.

Les bandits que l'on arrête le prennent toujours
de très haut. Celui-ci invoqua ses relations, déclara être l'intime du président du Conseil. Mais
on est habitué à de telles protestations.

L'homme fut conduit au Dépôt et fouillé sous
toutes les coutures. On ne trouva pas l'ombre
d'un diamant. On pensa qu'il l'avait avalé.

Le personnage, un dangereux repris de justice,
fut gardé au Dépôt, radiographié et surveillé nuit
et jour.

Il fallut un mois à la justice pour résoudre cette énigme fort simple. En examinant les bijoux, l'homme avait placé, sous le comptoir, une boulette de poix et avait, à la première inattention du vendeur, collé le diamant à la boulette. Le lendemains, sous prétexte d'acheter une montre, un homme entra dans le magasin, détacha la pierre de la poix et la glissa dans sa poche.

Mais... ce ne sont pas ces deux-là les plus ingénieux. C'est l'autre, celui qui vint prendre la pierre une heure avant le complice. Il avait entendu par hasard la conversation des bandits. Il tira les marrons du feu !...

Les deux perles. — Celle-ci est un peu moins connue.

Un riche étranger a acheté une magnifique perle dont il veut faire une épingle de cravate. Il l'a payée 100.000 francs. Quelques jours plus tard, il revient dans la bijouterie et dit au patron :

— Ecoutez, ma femme a vu ma perle, elle la trouve superbe et je crois qu'en effet elle est trop belle pour une épingle de cravate. Je voudrais bien la lui faire monter en boucle d'oreilles, mais auriez-vous une perle semblable ?

— Non, monsieur, pas en magasin, hélas !

— Mais vous pourriez peut-être me la trouver ? Je ne suis pas très pressé, et je vous laisserai bien deux ou trois mois. Et, naturellement, comme je conçois la difficulté qu'il y a à assortir exactement cette perle, je serais disposé à payer la seconde un plus gros prix.

— Jusqu'à combien, monsieur?

— Jusqu'à 200.000...

Le bijoutier promet de faire diligence, le riche étranger sort.

Un mois plus tard, un courtier entre dans la boutique : il est vendeur d'une perle. Le bijoutier l'examine. C'est exactement ce qu'il lui faut... ce sera le pendant exact de celle de son client.

— Combien? demande-t-il au courtier.

— 180.000.

C'est cher, mais le bénéfice est certain et le client est excellent. L'affaire est conclue.

Malheureusement, on ne revit jamais le riche étranger. Et les deux perles se ressemblaient vraiment beaucoup, puisqu'il n'y en avait jamais eu qu'une seule.

La patience de l'escroc. — Ces histoires sont du domaine public. Celle-ci ne l'est pas, mais elle est rigoureusement authentique et assez récente. Elle prouve moins l'ingéniosité du filou que son extraordinaire patience.

Un petit bijoutier de la rive gauche avait un bon client. Un monsieur, industriel du Nord, qui venait souvent à Paris, où il habitait une partie de la semaine.

L'industriel acheta au commerçant une montre pour lui, un bracelet-montre pour sa femme, une broche pour sa fille. Quand les montres se détraquaient, il venait les faire arranger, il causait avec le bijoutier.

Cela dura bien sept à huit mois. Enfin, un jour,

le monsieur confia à son fournisseur qu'il allait célébrer le 25ᵉ anniversaire de son mariage et que, à cette occasion, il voulait faire à sa femme un très beau cadeau.

— Pourriez-vous m'avoir un beau collier de diamants?

Le bijoutier était ravi. Il allait faire une grosse affaire.

Le monsieur consentit à mettre jusqu'à 600.000 francs pour son collier. Il revenait souvent, parfois il hésitait et il se demandait si un collier de perles ne serait pas plus beau, il demandait avis au fournisseur.

Vint le jour fixé pour la livraison. L'industriel avait dit :

— Venez m'apporter le collier à mon bureau, rue Lafayette, et là je vous le réglerai.

Le bijoutier va rue Lafayette. Au deuxième, il voit une plaque sur la porte : X... Tissage et Lainages.

Il entre. Un secrétaire l'introduit dans le bureau du patron. Il montre son collier.

—Décidément, il est bien beau... je suis enchanté... Eh bien! je vais vous faire un chèque.

Il signe un chèque de 600.000 francs, le barre, le remet au bijoutier qui redescend tout guilleret. Malheureusement, le chèque était sans provision. Rue Lafayette, le concierge n'avait pas eu de nouvelles du locataire qui avait loué huit jours plus tôt et qui avait disparu.

600.000 francs! Mais du calme et de la patience. Cela avait duré huit mois.

***

Dommages et intérêts. — Et, enfin, cette affaire vraiment ingénieuse qui se produisit à Londres.

Un étranger entre un samedi matin, à midi moins le quart, chez un bijoutier où il choisit un bracelet de 200 livres.

— Puis-je vous payer avec un chèque?

Le bijoutier, un peu légèrement, accepte. Le monsieur signe le chèque et sort, emportant le bijou dans son écrin.

Il ne va pas loin. Trois boutiques plus loin, il s'arrête dans une autre bijouterie :

— Je voudrais vendre un bracelet. Seriez-vous preneur?

Il montre son bijou avec des gestes furtifs. Il ouvre l'écrin, où l'on peut lire le nom du concurrent.

— Combien m'offrez-vous de cela?

— Une seconde, monsieur.

Le bijoutier a bondi dans son bureau, au téléphone. Il appelle son voisin, celui dont il a lu le nom sur l'écrin.

— Allo! Vous venez de vendre un bracelet à un individu. Il vous l'a payé?

— Heu... oui, par chèque.

— Vous avez touché le chèque?

— Non... il nous a fait cet achat il y a cinq minutes. Il est venu chez vous pour revendre le bijou, naturellement?

— Oui.

— Alors... veuillez prévenir la police... Merci de nous avoir avertis.

La police arrive... On arrête le monsieur qui proteste en vain de sa bonne foi. Il passe le samedi et le dimanche en prison.

Le lundi, le premier bijoutier présente le chèque à la banque. A sa stupéfaction, le chèque, qui est bon, lui est payé. Force est, naturellement, de relâcher le monsieur qui n'est coupable d'aucun délit et qui avait bien le droit de revendre un bijou qu'il venait de payer. Le client, qui n'est pas content, assigne le bijoutier en 500.000 francs de dommages et intérêts et... les obtient.

Ne vous avions-nous pas dit que cette histoire était peut-être la plus belle?

Smith, perceur de murailles. — M. Smith, directeur des Etablissements Smith and C°, hôtel Ritz... deux bracelets, brillants, monture platine, 875.000 francs... un collier de perles, 978.000 francs, deux bagues, platine et brillants, 182.000 francs... voilà!... dépêchez-vous, M. Smith vous attend à 11 heures...

Le vendeur enferma les bijoux dans des écrins, les glissa dans la poche intérieure de son pardessus et sortit du magasin de la rue de la Paix.

La main touchant de temps en temps les boîtes précieuses, afin de s'assurer de leur présence, le jeune homme traversa la foule, dense à cette heure.

Au Ritz, le chasseur fit tournoyer le tourniquet de la porte. Le vendeur entra. Dans le hall, il s'approcha du bureau.

— M. Smith peut-il me recevoir? De la part de la maison X...

L'employé décrocha le téléphone. Il prononça quelques mots. Bientôt l'ascenseur déposait l'envoyé de la maison X... au deuxième étage de l'hôtel et il était introduit dans l'appartement occupé par M. Smith.

Il attendit un instant dans le salon. Une porte s'ouvrit. Un homme de haute taille apparut dans l'encadrement.

— Voulez-vous entrer dans ma chambre, dit-il, je suis très pressé... Vous m'excuserez, je termine ma toilette... je vais tout de même voir les bijoux.

Le jeune homme entra dans une pièce élégamment meublée. En robe de chambre, M. Smith se rasait devant une petite table encombrée d'objets de toilette, de flacons de parfum. La salle de bains était ouverte et en désordre.

— Voulez-vous me montrer le collier, les bracelets et les bagues? demanda le riche voyageur en se poudrant légèrement. Ce sont bien les bijoux que j'ai choisis?

Le vendeur ouvrit les écrins et passa les précieux objets, un à un, à l'acheteur qui, après les avoir examinés négligemment, les jetait devant lui, dans un petit coffret. Quand la dernière bague roula dans la boîte, M. Smith déclara :

— C'est parfait.

Et, après avoir d'un coup de peigne rejeté en arrière une mèche de cheveux capricieuse, il chercha son veston, afin de régler la facture. Il réfléchit une seconde.

— Attendez-moi, dit-il, mon carnet de chèques est dans l'autre pièce.

Il sortit...

Dix minutes s'étaient à peine écoulées que le jeune employé de la bijouterie eut l'intuition d'avoir eu affaire à un bandit. Son premier geste fut pour le coffret dans lequel M. Smith avait déposé les bijoux. Il souleva le couvercle. La boîte était vide...

D'un bond il s'élança dans la pièce voisine. Personne! Personne dans tout l'appartement.

Affolé, il courut dans le couloir, descendit quatre à quatre les escaliers.

— Avez-vous vu passer M. Smith? demanda-t-il au bureau.

— Oui. Il est sorti il y a quelques minutes.

Le jeune homme s'effondra dans un fauteuil. Il murmura dans un soupir :

— Deux millions de bijoux!... volés!

On l'interrogea. Il raconta la scène en détails. Il apprit alors que M. Smith était decendu la veille au Ritz où il n'était pas connu. Néanmoins, comme il donnait de généreux pourboires, personne n'avait douté qu'il fût un riche étranger.

Quand la police eut été prévenue, on découvrit par quel truc habile et simple le filou avait pu s'emparer des bijoux. Le coffre dans lequel il jetait, au fur et à mesure qu'il les examinait, les bracelets, le collier et les bagues, était fixé au mur. Le mur avait été percé de telle façon qu'il était aisé, de la pièce voisine, de s'emparer du contenu de la boîte ouverte aussi d'un côté. Ainsi, le malfaiteur en sortant n'éveillait pas la méfiance du

jeune employé, puisque celui-ci savait que les bijoux étaient devant lui, dans le coffret!

Malgré une surveillance active aux frontières,
on ne put retrouver le pseudo-Smith, perceur de
murailles!

*
**

La belle dame et le bijoutier. — Il y a une qua-
rantaine d'années, un beau jour, une dame élégante, voiture correcte, bijoux de prix, dentelles,
grand air, se présenta à Auteuil, à la maison de
santé du fameux médecin aliéniste B...

Reçue par le maître lui-même, elle lui explique,
avec une émotion contenue mais poignante, que
son mari, le comte de Z..., est fou et qu'elle l'a
amené à Paris pour le faire soigner. Elle voudrait
qu'il soit interné dans la maison de santé du célèbre aliéniste à qui elle parle, car elle a confiance
en lui seul. Elle exhibe une lettre de recommandation d'un illustre confrère et tous les certificats
nécessaires, dûment légalisés. Son mari est atteint
du délire de la persécution et se croit poursuivi
par des voleurs, folie bien connue. Elle l'amènera
le lendemain; elle paye d'avance un trimestre de
la pension (le prix en est fort élevé). Le docteur
prend part à la douleur de la belle comtesse, promet de guérir le malade qu'il traitera lui-même.
La dame remercie et demande qu'on éloigne les
gardiens quand, le lendemain, elle amènera son
mari, afin qu'il n'ait pas de défiance et pour éviter
une scène pénible. Le docteur comprend parfaitement et la prie de se fier à sa discrétion et à son
tact.

Le lendemain, la même belle dame élégante, descendant de sa belle voiture correcte, entre, vers trois heures, chez un des plus grands bijoutiers de la rue de la Paix. Elle demande le patron et explique ce qu'elle veut : sa jeune sœur va se marier, elle désire lui acheter des diamants, de très beaux diamants. On lui montre des parures merveilleuses, c'est bien cela, mais elle ne veut pas choisir toute seule. Elle prie le bijoutier de charger un de ses employés de l'accompagner avec les écrins jusque chez elle, dans son hôtel d'Auteuil, afin que son mari, malade, et la jeune fille elle-même puissent choisir avec elle.

Le bijoutier, par prudence, se décide à aller lui-même à Auteuil avec la dame. Il s'agit d'une grosse affaire qui vaut bien le dérangement. Il emballe les écrins et monte dans la voiture dont l'élégance discrète et riche l'impressionne avantageusement. La dame le fait asseoir en face d'elle et ne lui parle plus, ce qui donne une haute idée de son rang social au marchand, qui serre sur son cœur ses diamants et se félicite de l'aubaine.

On arrive à Auteuil, devant la grille d'un beau jardin. La dame descend avec le bijoutier et donne l'ordre au cocher d'aller chercher son frère, en toute hâte, à la gare.

La dame, suivie du bijoutier, entre comme chez elle.

— Prévenez monsieur que je suis là ! dit-elle à un domestique parfaitement stylé qui lui ouvre respectueusement la porte d'un élégant petit salon.

— Asseyez-vous, dit-elle au bijoutier, donnez les écrins, je vais les montrer à mon mari et nous vous ferons appeler pour débattre le prix, car il ne peut se lever.

Le bijoutier a vu la voiture, le cocher et le valet de pied, il voit l'hôtel, le vaste jardin : il est chez une cliente riche, il a toute confiance; il donne les écrins, s'assied.

La dame sort, ayant glissé les écrins sous son manteau.

Le docteur B... est derrière la porte.

— Mon pauvre mari, il est là... je veux partir... lui dit-elle. Je ne veux pas le revoir. Il va avoir une crise... ayez bien soin de lui, mon Dieu!... Je reviendrai demain... Indiquez-moi une autre sortie, qu'il ne me voie pas m'en aller...

Elle défaille, suffoquée d'émotion. Le médecin lui prend paternellement la main, promet encore la guérison et la fait passer par une porte de derrière...

Cependant, le bijoutier s'impatiente, car il trouve que le choix des pierres dure un peu longtemps. Il ose enfin ouvrir une porte. Un homme est là, un homme vigoureux qui le regarde avec un drôle d'air. Et voici un autre homme, un assez vieux monsieur décoré qui, lui, a l'air aimable, mais un drôle d'air aussi. Le bijoutier croit que c'est le mari qui va mieux et qui s'est levé.

— Les diamants sont choisis? demanda-t-il.

— Oui, là... calmez-vous! lui répond le vieux monsieur.

— Et lesquels prenez-vous?

— Oui, oui, nous en parlerons demain.

Le bijoutier ne comprend pas. Il insiste, on lui dit d'être sage, il se fâche et réclame ses pierreries. Scène violente. On le saisit, on le douche, on lui passe la camisole de force et on le met en cellule pour éviter qu'il se blesse lui-même.

En cellule, il resta quatorze jours, et quand, enfin, il fut rendu à la liberté, il était vraiment un peu fou, et ce n'est pas étonnant. Il ne revit jamais ses diamants et non plus la dame, car elle négligea de lui rendre visite, malgré la permission donnée par le docteur B...

La caisse mystérieuse. — Il était midi cinq, Rue de la Paix, les magasins étaient fermés et, à la foule des riches étrangers succédait celle des petits employés et des midinettes se dirigeant vers les restaurants voisins, A l'angle de la rue Daunou, l'agent de service flânait, les mains aux hanches, attendant un improbable encombrement au carrefour, quand une camionnette stoppa près de lui. Le conducteur souleva sa casquette :

— Pardon, monsieur l'agent, la bijouterie Sirey, s'il vous plaît ?

— Vous êtes arrêté devant elle, déclara le gardien de la paix en montrant une large devanture où, dans les vitrines, s'étageaient des bagues aux diamants rares, des colliers de perles et des pièces d'orfèvrerie de grande valeur.

— Diable, dit-il à son camarade qui était resté sur la camionnette, nous arrivons avec cinq minutes de retard. C'est fermé.

Et s'adressant à l'agent.

— Nous devions livrer une caisse à la maison

Sirey, ce matin, sans faute. Impossible de revenir cet après-midi.

— Si on laissait la caisse devant la porte. Personne ne viendra la voler, puisque monsieur l'agent est là, suggéra son compagnon.

— C'est une idée. Les objets n'ont pas grande valeur...

L'agent fut un moment indécis. Puis il accepta.

— Laissez la caisse. Mon service finit à 2 heures. Les employés de la maison rentrent à une heure, je les préviendrai.

C'est ainsi que la caisse fut délicatement posée sur le trottoir par les deux camionneurs aidés de l'agent de service. Puis, afin qu'elle ne pût pas gêner la circulation, elle fut poussée contre la porte d'entrée. Elle était lourde.

— Cent kilos de marbre, dit l'un des hommes! Et la camionnette démarra.

Pendant une heure, le brave sergent de ville surveilla la caisse. Il se sentait responsable de ce dépôt à lui confié. Mais, tout à coup, il vit la voiture qui se rangeait de nouveau au bord du trottoir. Elle portait une nouvelle caisse.

— Bon Dieu! dit le conducteur; on s'est trompé de caisse. Qu'est-ce qu'on a pris en arrivant!

Et ils descendirent la seconde de la camionnette; toujours aidés par l'agent. Celle-ci fut substituée à celle qui se trouvait contre la porte et que l'on replaça sur la voiture.

Ce fut à une heure et demie que le vol fut découvert. Tous les objets de valeur de la bijouterie Sirey avaient disparu. Un cambrioleur, dont on ne retrouvait pas la trace, avait raflé pour deux millions de diamants et de perles.

La caisse trouvée devant la boutique fut ouverte. Elle contenait du sable.

Après un instant de réflexion, l'agent put donner le mot de l'énigme.

Dans la première caisse, dont l'une des parois était mobile, se trouvait vraisemblablement l'auteur du cambriolage. Il avait attendu pour opérer que la caisse fut appuyée à la porte. Alors il lui avait été facile de « travailler » tout à son aise. Au moyen d'une scie spéciale, il avait découpé dans la porte un disque assez grand. Par l'ouverture, il s'était glissé dans le magasin. Puis, après s'être emparé des bijoux, le malfaiteur avait repris sa place dans la caisse, replacé le disque de bois. Il avait fait disparaître toute trace sur la porte avec du mastic et une légère couche de peinture au siccatif. Ce travail n'ayant pas duré une heure, il avait attendu patiemment le retour de ses complices qui devaient substituer à sa caisse la caisse de sable.

Ce fut tout ce que l'on sut de ce vol, car les cambrioleurs ne furent jamais arrêtés.

Quant à l'agent, il jura de ne plus prendre sous sa garde la moindre caisse!

LES ESCROCS DE HAUT VOL

Pourquoi les escrocs dit de « haut vol » sont-ils tous des palefreniers, des garçons épiciers ou des charcutiers, comme les fausses princesses sont généralement des bonnes ou des cuisinières?... Mystère et psychologie!

Ils sont légion, les escrocs de haut vol. Prenons un exemple entre mille.

Dans les dancings et les établissements de nuit à la mode parut, un beau soir, un fêtard joyeux, plein aux as, qui se fit passer pour le prince Ilzoyn, — où avait-il déniché ce nom-là? — apparenté à la famille des Romanoff, riche à millions. Comment trouvait-il les fonds nécessaires à mener la vie large des anciens grands-ducs?

Il avait loué, dans un hôtel de l'Arc de Triomphe, deux chambres contiguës. Le centre de ses exploits étant définitivement fixé, il s'était mis à la recherche de dupes, il n'eut pas loin à courir; tous les commerçants en articles de luxe se mirent à sa disposition. Quand l'un d'eux ne voulait pas lui faire crédit, il se rendait en personne à son magasin et priait qu'on voulût bien envoyer à l'hôtel, où sa femme gardait la chambre, un sac de perles. Lorsque l'employé du commerçant arri-

vait, le prince le faisait entrer dans la première
des pièces; entre-bâillant ensuite la porte de communication, il entamait une conversation imagi-
naire avec sa femme qui n'avait jamais existé;
puis, s'adressant au garçon, il lui disait :

— Deux secondes, je vais montrer les perles à
madame.

Et il disparaissait.

Il fut rencontré dans la rue par une de ses victimes et arrêté.

Savez-vous qui était le prince Ilzoyn? Le fils
d'une marchande des quatre-saisons.

Un joli chiffre. — Réaliser quatre millions en
quatre mois fut, pour l'escroc espagnol Luis Lu-
sia y Busé, un jeu d'enfant; il est vrai qu'il ne
s'amusait pas à dévaliser un poivrot sur un
banc, ou à se charger de bijoux difficiles à vendre; il s'attaquait où il y a de l'argent, c'est-
à-dire aux banques.

S'appelant tantôt de la Riva, tantôt de Somoza,
ou encore de la Questa, de la Villa-Urutia, chan-
geant aussi de nationalité, pour se présenter sous
les noms de Harrisson, Edisson ou Von Breitch,
il avait à sa disposition plus de trente états civils.

Grâce à un procédé dont il a gardé le secret, il
a pu, dans une vingtaine de grands pays, extor-
quer des sommes considérables à des banques de
premier ordre. Il falsifiait ou fabriquait des lettres
de crédit et parvenait rapidement à ses fins. A
Paris, sous le nom de Solanitch, il achète, dans un

établissement de crédit, une lettre circulaire de deux cent mille francs, sur les banques de Rio de Janeiro, Montevideo, Buenos-Aires et Santiago du Chili; de cette lettre il en fait deux, se fait rembourser, à Paris, ses deux cent mille francs, par la banque d'émission; puis, il reverse les 200.000 francs pour acheter une nouvelle lettre de crédit, payable, cette fois, à Marseille, Lyon et Béziers; cette lettre, il en double le montant par son procédé et il réalise, par la falsification, 200.000 fr. de bénéfices à Marseille et autant à Lyon et à Béziers; puis, avec le premier double qu'il avait fait, il va toucher 200.000 francs à Montevideo, et autant à Santiago du Chili et Buenos-Aires. Il prenait soin, il est vrai, de toucher une partie seulement dans chaque ville de façon à ne pas épuiser le solde.

Entre temps, pour le plaisir de voyager, il va à Genève, au Comptoir d'Escompte, toucher trois chèques de petites sommes, en dollars, tirés sur une banque de New-York; il en falsifie un de 25 dollars qu'il porte à 25.000 francs, somme qu'il touche chez Cook, à Marseille; le second chèque de 40 dollars est transformé en 40.000 qu'il touche à la Havane, au Royal Bank Canada, et le troisième, de 30 dollars, devenu 30.000 dollars, est encaissé à la Mexica Express Company.

D'Amérique du Sud, Busé revient à Barcelone où, sous le nom d'Antonio Ramon, il achète une lettre de crédit de 2.000 livres sterling, passe en Italie, touche à la Banque Commerciale de Rome et à la banque Ambrosiano de Milan, puis il vient en France et touche, dans une banque de la rue

Auber, à Paris, sa lettre de crédit qui s'était transformée en 22.000 livres.

Il réédite, avec succès, le coup à Barcelone, Berne et Zurich. A Prague, un matin, il touche une lettre de crédit, quitte la ville en avion, revient à Prague et se fait payer une deuxième fois, dans l'espace de quelques heures.

Il avait débuté, en 1914, dans la carrière criminelle, à l'âge de 24 ans, sous le costume ecclésiastique. La guerre l'avait incité à exploiter le costume militaire; c'est sous les uniformes les plus divers et de toutes les nationalités sous les armes, qu'il parcourt l'Europe sans se préoccuper des barrières et, comme il parle sept langues, il lui est facile de circuler chez les neutres et chez les alliés.

Il se marie sept fois, jamais sous le même nom, et ruine toutes les familles de ses femmes.

Sa sixième union fut contractée à la Havane avec la fille du préfet de Police.

A Guayaquil, il épousa une riche héritière, en se faisant passer pour le beau-frère du ministre des Finances de l'Equateur.

Chaque fois qu'on l'arrête, il s'évade. A Londres, où un policier le cerne, il trouve le moyen de le faire passer pour un cambrioleur et le faire incarcérer, pendant que lui-même prend la fuite.

A l'île Maurice, il se fait passer pour le roi d'Espagne et commet des escroqueries. Ailleurs, il devient le Président de la République d'Andorre et se fait recevoir solennellement.

Enfin, grâce à la police française, le roi des escrocs put être capturé, à Barcelone. Son arrestation ne parut pas l'émouvoir autrement. Il déclara :

— Cela fait la huitième fois que je suis arrêté et ce ne sera pas la dernière, parce que j'espère vous fausser bientôt compagnie.

Comme on lui demandait s'il n'allait pas, un jour, prendre sa retraite :

— Je le pourrais, dit-il. Je suis très riche. Ma fortune est en lieu sûr; mais j'ai une mission à remplir!...

— Laquelle?

— Me venger des banques. Mon père a été ruiné par des banquiers. J'ai juré d'anéantir le crédit des banques; je suis en train de démontrer qu'elles ne sont pas invulnérables et qu'il est facile, avec un peu de doigté, de vider leurs coffres. Mon procédé est infaillible.

Busé n'a pas tenu parole. Il s'est évadé une dernière fois et n'a plus donné signe de vie. Les uns croient qu'il a été assassiné dans l'Amérique du Sud; d'autres affirment qu'il dirige la police privée d'une grande banque. Il ne serait pas le premier malfaiteur qui se serait transformé en gendarme.

Un loup de mer. — Sans atteindre l'Espagnol, le comte Luys de Norfalk a laissé, à Cherbourg, le souvenir d'un beau faiseur.

Toujours en grande tenue de lieutenant de vaisseau, la poitrine constellée de décorations, cet individu, dont on n'a pas établi la véritable identité, avait acheté, à la liquidation des stocks, avec de l'argent que lui avait prêté des poires, le yacht l'*Enigma* qu'il avait armé avec de véritables matelots. Il se prétendait chargé d'une mission en Colombie; tout le monde le crut, il ne vint à personne l'idée de se renseigner, dans les annuaires de la marine militaire ou marchande.

En attendant le départ du navire, ce furent des fêtes inoubliables, à bord, rehaussées par la présence de la « comtesse » qu'il était venu chercher à Paris; c'est à qui lui ferait crédit, et il en usa avec frénésie; on jouait gros jeu, on fumait de l'opium, sans compter les parties fines sous l'œil bienveillant de la « comtesse » qui en avait vu bien d'autres.

Quand l'armement de l'*Enigma* fut terminé, il fallut songer à lever l'ancre. Ce fut épique...

Le navire, commandé par Norfalk qui, de sa vie, n'avait conduit un bateau, sortit tant bien que mal de la rade de Cherbourg; mais, il se trouvait à peine à quelques milles de Cherbourg que le capitaine d'occasion dut avouer l'impossibilité où il était de faire son point et de mettre le cap sur Le Havre et la Seine. Longeant la côte de trop près, au risque de couler cent fois, le yacht parvint à la hauteur de Barfleur.

Norfalk dut avouer à son second — un marin, heureusement — son embarras.

— Les voilà ces lieutenants de réserve, murmura le loup de mer en prenant la barre, ils vont les chercher dans l'enregistrement.

Qu'est encore devenu ce comte des belles nuits?

*
**

La clef des champs. — Les aventures de Serge
de Lenz, le cambrioleur mondain, sont trop près
de nous pour que nous les rappelions.

L'avant-guerre a connu un escroc célèbre, il
s'appelait Altmayer. Arrêté et traduit devant un
juge d'instruction, malgré la présence du garde
et du greffier, profitant d'un moment où le magistrat allait chercher un dossier, il prit le cachet du
cabinet, en timbra une feuille de mise en liberté
provisoire, puis attendit. Le juge poursuivit l'interrogatoire et prononça le sacramentel :

— Garde, emmenez le prévenu !

Altmayer se leva, salua obséquieusement et dit
tout haut :

— Merci, monsieur le juge !

— Il n'y a pas de quoi, répondit le magistrat.

L'inculpé suivit docilement le garde, mais, arrivé au dépôt, il lui fit remarquer :

— Pas ici, mais au bureau !

— Pourquoi ?

— Parce que le juge m'a remis en liberté provisoire.

Et, de sa main libre, il lui montra le papier.

Les formalités de levée d'écrou accomplies,
Altmayer prit la clé des champs. Pourtant, avant
de quitter Paris, il crut devoir s'excuser auprès
du juge de la liberté très grande qu'il avait prise
de se servir de son cachet, sans son autorisation.

On en a ri longtemps, au Palais de Justice.

*
**

La valise creuse. — Un policier, dont la surveillance s'exerce dans les gares et les trains, est farci de souvenirs.

Il connaît, pour les avoir vu appliquer, les mille façons de dérober une valise, de soulager un provincial de son portefeuille, de couper une chaîne de montre pendant une bousculade, enfin le travail complet du pickpocket. Le bandit qui l'a le plus étonné fut l'homme à la valise creuse.

« Il y a longtemps, me dit-il, que j'observais, à la gare de Lyon, un individu qui, chaque jour, arrivait à 9 heures, nanti d'une superbe valise des plus originales. Cette valise, en effet, était à carreaux rouges et verts; très longue et très large, elle ne devait pas être lourde, car son propriétaire la portait avec aisance.

« Intrigué par cet objet, je pris l'homme un jour en filature. Il se dirigea vers un guichet où attendait une foule nombreuse. Pour prendre leur billet, la plupart des voyageurs posent leur valise à terre. L'homme en fit autant; mais sur celle d'une personne occupée. Quelle ne fut pas ma stupéfaction! La valise de l'individu s'enfonça et recouvrit parfaitement l'autre. La sienne était simplement une housse rigide et sans fond.

« Se ravisant, brusquement l'homme se courba, saisit sa valise et s'éloigna. Vous pensez qu'elle était notablement plus lourde, l'autre étant restée à l'intérieur. On s'aperçut alors de la disparition d'une valise. Immédiatement, la victime chercha alentour. Bien entendu, elle ne prêta aucune attention au voyageur qui se dirigeait vers la sortie, son étrange mallette à carreaux à la main.

« Hors de la gare, le voleur confia sa valise à un porteur qui la transporta dans un hôtel proche et la rapporta bientôt. Le manège continua jusqu'à ce que j'eusse prévenu un collègue qui se chargea du complice. »

*
**

Le coup du Stradivarius. — ...Un jour, chez un charcutier du boulevard Beaumarchais, se présente un enfant de quinze ans, portant sous son bras un étui à violon. Il demande 200 grammes de charcuterie. Le commerçant prépare la commande, la pèse et fait un paquet.

Au moment de payer, l'enfant s'aperçoit qu'il a oublié son argent.

— Attendez, dit-il, je cours chez moi et je reviens de suite. Je vais laisser là mon violon.

Le charcutier accepte. L'enfant sort.

Il est à peine parti qu'une superbe limousine s'arrête devant le magasin. Un monsieur en guêtres blanches, monocle à l'œil, descend, regarde un instant l'étalage, entre dans la boutique et demande un pâté.

Pendant que le charcutier cherche dans sa glacière, le client s'est approché du violon encore sur le comptoir.

— Vous permettez que je regarde, dit-il au commerçant, je suis un amateur.

A peine a-t-il ouvert la boîte qu'il reste fasciné.

— Il est à vous?...

15

— Non, monsieur, c'est un petit garçon qui l'a laissé.

— Vous ne savez pas ce qu'il vaut, ce violon?...

— Du tout...

— Eh bien! c'est un Stradivarius... il vaut une fortune.

Soudain, le monsieur a cligné de l'œil.

— Tâchez de l'avoir. Je vous le prends pour cent mille francs. Je reviendrai dans une heure.

Le client parti, le charcutier appelle sa femme. Bien sûr, on l'achètera à l'enfant et pour peu d'argent. Mais le garçonnet tient à son prix. Justement, son père l'avait chargé de vendre l'instrument à un brocanteur pour 1.500 francs. Il veut bien accepter cette somme, cela lui évitera une course. Le charcutier et la charcutière se grattent la tête. Enfin, l'affaire est belle. On ramasse tout l'argent du tiroir-caisse et on le remet au petit garçon, qui s'en va en abandonnant l'instrument.

Ce sont alors des heures d'angoisse pour les deux malheureux. Si le monsieur ne revenait pas et que le violon soit faux!...

On attend... les heures passent. Le monsieur ne reviendra jamais. Avec les 1.500 francs remis à lui par son jeune compère, il règle le chauffeur de la limousine et paie le marchand d'habits qui lui a fourni son costume.

Au bout de quelques jours, le charcutier fait expertiser le stradivarius. On lui offre quinze francs de la boîte et l'on prend le violon par-dessus le marché!...

***

Pour l'honneur du nom. — Un lundi matin, dans une banque parisienne qui n'était pas une grande Société, mais une entreprise individuelle, très solide d'ailleurs et soucieuse d'agrandir sans risques déshonnêtes ses affaires, se présenta un vieux monsieur correct (vêtement sombre, barbe blanche) qu'accompagnait une charmante jeune fille.

— Je voudrais parler au directeur, dit-il au garçon de bureau, et il écrivit son nom sur une fiche.

Le directeur, lisant le nom qu'il croyait vaguement connaître, reçut le vieux monsieur que la jeune fille accompagnait.

— De quoi s'agit-il, monsieur? demanda le directeur en indiquant poliment des sièges à ses visiteurs. Il trouvait d'ailleurs que la jeune fille vraiment était séduisante et que le vieux monsieur était parfaitement respectable.

— Monsieur, dit le visiteur d'un ton grave, je suis le père d'un de vos employés : Paul Baluvier...

— Baluvier... Ah! je vois. Il me semblait bien que votre nom me disait quelque chose. Alors?...

— Alors, monsieur le Directeur, la démarche que je fais auprès de vous en compagnie de ma fille Suzanne (le directeur, ici, regarda avec plaisir la jolie Suzanne et prit l'air aimable), cette démarche, monsieur le Directeur, est plus pénible que je ne saurais vous le dire... Mon fils Paul a... mon Dieu, tout un passé d'honneur... C'est affreux...

— Père, calme-toi, dit Suzanne avec émotion.

— Voyons, expliquez-vous. Qu'y a-t-il? demanda le directeur étonné.

— Il y a, monsieur, que mon fils Paul, au mépris de son éducation, au mépris des principes de probité et d'honneur que je lui ai toujours donnés, nous a... vous a volé, il n'y a pas d'autre mot... une somme importante, trois cent mille francs... des virements habiles... trop habiles... Il y a eu le pont, samedi... Il en a profité... Il est parti avec une femme, une misérable créature qui l'a fasciné, égaré... Il m'a laissé une lettre où il m'avoue tout... La voici, monsieur le Directeur... Lisez... Voyez que c'est l'acte de folie d'un enfant qui se repent déjà, qui regrette...

— Mais qui me vole trois cent mille francs, dit le directeur violemment... Je vais faire vérifier...

— Monsieur, je vous en prie, ne divulguez pas encore. Pensez que mon fils a vingt-quatre ans seulement... qu'il n'est coupable que d'égarement, de folie, je vous le jure, et que ma fille que voici est innocente, elle... Je ne parle pas de moi, dont toute la vie de droiture et de devoir est entachée par la faute de cet enfant indigne... Ecoutez-moi, monsieur, depuis que j'ai, vendredi soir, trouvé cette lettre abominable, j'ai visité toute ma famille, réuni toutes mes ressources... pour réparer... pour réparer en partie... Je vous apporte, monsieur le Directeur, tout ce que j'avais, tout ce que ma famille, soucieuse de l'honneur du nom, a pu me donner. J'ai la moitié de la somme... prise... 150.000 francs... Je vous les offre pour étouffer le scandale...

— Mais c'est insuffisant, protesta le directeur. 150.000 francs pour 300.000 francs... Non, je vais porter plainte... C'est indigne! Pour l'exemple...

— Quel exemple, monsieur? L'exemple qui enseignera à vos employés qu'ils peuvent voler? L'exemple qui plongera dans le désespoir une famille honorable ...et cela, sans vous faire récupérer aucune somme, tandis que mon offre...

Le directeur réfléchissait : Porter plainte, faire un scandale... Qu'en penseraient ses commanditaires, ses clients? Leur confiance ne serait-elle pas ébranlée? La situation de sa banque n'était pas encore bien solidement établie... Il y avait un peu de ridicule aussi à s'être laissé dépouiller ainsi... Il prendrait figure d'un financier peu sérieux, qui ne sait pas se garder contre les escrocs. Surtout il ne rentrait pas dans la moindre somme. Ce vieux monsieur si convenable lui offrait 150.000 francs... Et cette jeune fille si jolie fixait sur lui de si beaux yeux pleins de prière...

— Monsieur, dit-il avec effort, j'accepte, par égard surtout pour mademoiselle votre fille, la restitution que vous m'offrez... Cet argent...

— Le voici, monsieur, dit le vieux monsieur en sortant une liasse de billets. Mais, bien entendu, en compensation de ce sacrifice, qui nous laisse exactement sur la paille, je vous demande une lettre où vous déclarerez que mon fils vous a quitté de son plein gré et que vous avez toujours été satisfait de ses services et de sa probité.

— Ah! ça, par exemple!

— Réfléchissez, monsieur, c'est un enfant de vingt-quatre ans... Il aura toute sa vie à refaire

quand sa folie l'aura abandonné... Il est, au fond,
honnête, j'en réponds... Je sacrifie tout pour lui
permettre de se racheter un jour... Je vais devoir
me remettre au travail pour subvenir à mes be-
soins et à ceux de cette enfant.

Il tapota, avec une tendresse grave, les cheveux
bouclés et courts de sa fille et ajouta :

— Que sacrifiez-vous, vous, monsieur? Une
somme, pour vous, insignifiante... Sommes-nous
d'accord?

— Oui, dit le directeur.

Il prit l'argent, donna la lettre. Les visiteurs
saluèrent et sortirent, non sans que la jolie Suzanne eût adressé au directeur son dernier sourire plein de gratitude.

Un quart d'heure après, le vieux monsieur, qui
était bien le père (plusieurs fois condamné pour
escroqueries) de Paul Baluvier, et Suzanne, qui
était non la sœur mais la maîtresse du même Paul,
rejoignirent ce jeune homme coupable qui les
attendait tranquillement chez lui et lui annon-
cèrent, non sans satisfaction, que l'affaire était
fait, qui rapportait, sans aucun risque, un gain
net de 150.000 francs.

— Ça va bien, dit Paul. Maintenant, il faut que
je trouve une autre place. Mais, cette fois-ci, on
essaiera en province.

Le vol du pantalon. — Le train de luxe arriva
vers dix heures du soir.

Hector, laissant à la consigne ses deux élégantes

malles, se contenta de prendre son nécessaire de toilette et monta en voiture.

Il se fit conduire à l'hôtel, où il avait retenu une chambre sous le nom de James J. Wilson.

Cet hôtel était un des plus fastueux établissements de la Côte d'Azur, un palace cosmopolite où le monde entier se coudoyait.

Hector, avec toute la désinvolture nécessaire, donna, dès l'abord, de larges pourboires et se fit conduire à sa chambre.

Il demanda une bouteille de soda et un verre de whisky, remit son bulletin de bagages au garçon de l'étage en indiquant qu'il voulait avoir ses malles le lendemain matin, vers dix heures.

Il faut noter ici que cet Hector, qui se faisait appeler James J. Wilson, était de ces hommes qui aiment l'argent, mais non le travail, en sorte qu'ils jouent tous les jours une partie où ils mettent comme enjeu, non pas leur honneur, — ils n'en ont cure, — mais leur liberté. L'adversaire, qui n'est pas prévenu, est variable; le résultat : quelques centaines de francs ou bien une fortune... le hasard de l'aventure...

Hector, conduit à sa chambre, se coucha...

Après quelques minutes, il se releva et examina sa chambre avec soin.

Dans la demi-obscurité, car il n'avait allumé aucune lampe, il sonda discrètement les murs, le parquet.

Alors il commença un travail singulier :

De sa trousse de toilette il retira quelques petits

instruments nickelés qui, comme aspect, se confondaient avec les instruments de toilette.

Il se mit à genoux et, déplaçant le tapis, avec une grande délicatesse, sans bruit et sans trop de peine, il décolla soigneusement deux lames du parquet ciré.

Dans la cavité ainsi obtenue, l'espace compris entre le plancher et le plafond d'en-dessous, il fourra son pantalon, le poussant aussi loin que possible entre les solives.

Hector, ensuite, remit avec soin, à leur place, les planches du parquet, qu'il fixa avec une colle puissante et sur lesquelles il passa un vernis pris dans un flacon qui sentait le chypre. Il balaya toutes les poussières et replaça le tapis.

Cela fait, il se recoucha et s'endormit du sommeil de l'injuste... si l'on peut dire...

Dès huit heures, le lendemain matin, une sonnerie furieuse retentit dans l'hôtel.

Cette sonnerie provenait de la chambre occupée par M. James J. Wilson (Hector, n'est-ce pas?).

Un valet de chambre se présenta :

— Monsieur désire?...

L'honorable James J. Wilson était couché dans son lit, mais paraissait en proie à une vive émotion et sa chambre était bouleversée.

— Je veux le commissaire de police! dit-il.

— Je ne comprends pas, monsieur. Vous désirez?

— Le commissaire de police! Allez le chercher. Qu'est-ce que vous attendez?

— Mais, monsieur...

— Allez! On m'a volé! Je veux le commissaire de police!

Le valet, ahuri, sortit, en référa au maître d'hôtel, qui en référa, après avoir consulté le sommelier en chef, au directeur de l'hôtel lui-même.

Ce dernier descendait de son appartement. Mis au courant, il leva les bras vers le ciel.

La sonnette du voyageur inconnu retentissait à nouveau.

Le directeur, se hâtant de répondre à cet appel, monta, perplexe.

— Vous êtes le commissaire de police? demanda Hector en le voyant entrer.

— Non, monsieur, je suis le directeur de l'hôtel et...

— Je veux le commissaire de police, proclama Hector avec véhémence... Si vous approchez, je tire, ajouta-t-il, en braquant un revolver sur le directeur éperdu. Ah! mais, je sais me défendre!

— Vous êtes fou! s'écria le directeur en se jetant de côté... Mais de quoi s'agit-il?

— Je ne suis pas fou, je suis volé, dit Hector avec calme. Votre hôtel est une caverne de bandits. Au cours de la nuit, on m'a volé mon pantalon — mon pantalon neuf — et, dans ce pantalon, se trouvait dans une poche de côté mon portefeuille, et mon portefeuille contenait de gros billets! Je veux le commissaire de police!

— On vous a volé?... C'est faux, monsieur! On n'a jamais volé chez moi! cria le directeur. D'ailleurs, je ne suis responsable que des objets déposés à ma caisse.

— Je ne pouvais déposer mon pantalon à votre caisse, dit Hector avec force. On m'a volé... Pourtant j'avais entendu dire, en Amérique, que votre établissement était de toute confiance... C'est faux, je le vois... Je veux le commissaire de police, pour porter plainte... Et je veux aussi un pantalon pour être décent quand je sortirai puisque mes autres habits sont dans mes malles à la gare.

— Mais vous devez vous tromper, dit le directeur. On ne vous a pas volé! C'est impossible! On ne vous a pas volé votre pantalon!

— Où est-il? demanda Hector. Vous ne voulez pas prétendre que je suis venu ici sans pantalon?

— Mais peut-être l'avez-vous jeté derrière quelque meuble... sous le lit... Il faut chercher...

— J'ai déjà cherché partout. Voyez vous-même.

En pyjama, paré d'une dignité parfaite, il alla s'asseoir dans un fauteuil, gardant toujours son revolver à la main.

— Posez votre arme, monsieur, dit le directeur, un malheur est vite arrivé.

— Non, je n'ai pas confiance. On m'a volé.

Le directeur et les garçons regardèrent dans le lit et sous le lit, dans les meubles et derrière les meubles. Ils déplacèrent les tapis et étudièrent le tuyau de la cheminée. Rien.

— Je veux le commissaire de police, reprit alors Hector obstiné. On m'a volé. Je n'avais pas poussé le verrou parce que j'avais confiance. On m'a volé. Allez chercher le commissaire de police ou bien je m'enveloppe dans une couverture et j'y vais moi-même.

Le directeur réfléchissait : une plainte ferait un

scandale affreux et discréditerait sa maison où les étrangers dépensaient de grosses sommes. Une telle histoire pouvait le ruiner et il comprenait que cet homme flegmatique, assis là devant lui, en pyjama, ne reculerait devant rien, qu'il fût ou non, un escroc. Sa résolution fut vite prise. Le sacrifice était nécessaire, qu'il passerait aux profits et pertes.

— A combien se montait la somme... égarée? demanda-t-il simplement.

— Quatre mille sept cents francs en billets dans le portefeuille, dit Hector qui avait le sens de la mesure, et en regardant le directeur en face avec autorité.

Et il ajouta :

— Heureusement que mon carnet de chèques était dans mon veston, ainsi que mon porte-billets pour petites coupures. Mais je veux tout de suite le commissaire de police.

— Non, dit le directeur en essayant un sourire qui fut un rictus de haine. Non, je vous offre (il ne put dire : monsieur) le remboursement intégral de votre perte. A condition, bien entendu, que vous ne parliez de cette affaire à personne...

— Je n'en parlerai pas parce que je repars, dit froidement le faux Américain. Vous me remboursez, je ne dis rien. Mais je ne veux pas rester ici et je ne veux pas qu'on aille chercher mes malles à la gare, car on m'a tout de même volé, et mon pantalon était tout à fait neuf.

Et, le jour même, l'honorable James J. Wilson, remboursé de son « vol » et portant un pantalon de confection, reprit le train pour aller travailler ailleurs.

Hector ne joue plus. — Le sieur Hector est une incontestable canaille, mais il y met tant de génie qu'il est aussi loin du banal voleur qu'un grand orchestre d'un mirliton.

Ce soir-là, il avait l'accent américain et déplorait l'immoralité du jeu, pour ses camarades de bars.

— Vous n'imaginez pas combien il y a de mauvaises gens qui vivent du hasard et des cartes, ou plutôt de leur malhonnête habileté, racontait-il pensivement, combien de tricheurs, de grecs, comme vous dites. Il y en a partout... à Paris, en province et à l'étranger! Dans les casinos, dans les villes d'eaux et sur les paquebots... Là, ils sont déchaînés, à cause de l'ennui de la traversée. Ils opèrent par équipes de trois ou quatre, au poker le plus souvent, et c'est un jeu terrible. Ils visent une poire riche, la circonviennent et installent une petite partie. Oh! pas bien méchante, pour commencer... Comme toujours, ça monte de plus en plus. Ils laissent la poire gagner, pendant les premiers jours, et puis, dans les deux ou trois dernières séances, ils lui extraient tout son jus d'un seul coup, dix, trente, soixante billets ou plus, ça dépend de la fortune du type, de son estomac et de son degré de poirisme. Ce n'est pas difficile, trois joueurs, même sans tricher, mais en accord concerté d'avance, peuvent toujours, sauf une invraisemblable malchance, faire perdre au poker leur quatrième partenaire.

Je viens d'Amérique, vous savez. Sur le bateau, j'ai vu opérer ces messieurs. Ils étaient douze, en trois ou quatre équipes. Une des équipes s'est occupée d'un prince asiatique, une autre d'un banquier israélite, une autre d'un yankee milliardaire, et la quatrième, enfin, s'est occupée de moi, car ils me prenaient pour le directeur d'une grosse maison de conserves — ce que j'étais, en effet, sur ce bateau-là, ajouta Hector avec une grande sérénité.

« Pendant quatre jours, continua-t-il, ces gentlemen ont essayé d'amorcer avec moi la partie. Je m'amusais à les voir faire. Ils parlaient de leurs pertes au jeu, des culottes formidables qu'ils avaient prises; ils déploraient de n'avoir pas un quatrième pour faire leur partie, une petite partie pas méchante, bien sûr.

« Enfin, ils me proposent carrément, un soir, de jouer avec eux.

« J'accepte. On joue bon marché au début, cinquante dollars de cave, je crois. Je perds, je gagne, j'ai l'air indifférent et ennuyé, comme si l'argent m'importait peu...

« Le lendemain, on recommence, — un peu plus cher, et là, vraiment, ils me laissent gagner et d'une façon un peu trop visible, presque vexante. Je leur rafle environ sept cents dollars, et le jour suivant presque le double... Ils se plaignaient de leur guigne... Je les sentais venir. Ils m'avaient dit « Quelle veine vous avez! c'est beau de jouer comme ça, nous ne sommes pas de force. » Ils riaient sous cape et attendaient la suite. Le lendemain, en effet, était l'avant-dernier jour de traversée. On arriverait le matin suivant, et ils voulaient, en ce dernier jour, en finir avec moi, m'enlever huit ou dix mille dollars, et me laisser comme un citron vide...

« Deux mille dollars, reprit Hector, en allumant une cigarette, c'est une petite somme, mais c'est une somme tout de même, et je n'ai pas été mécontent de mon voyage...

— Vous n'avez pas reperdu le lendemain? demanda un être naïf qui l'écoutait.

— Il n'y a pas eu de lendemain, dit Hector, avec calme. Je n'ai plus voulu jouer, voilà tout. J'ai expliqué que le jeu est une passion malsaine, que nous avions eu tort de nous y livrer, et que, pour mon compte, j'étais résolu à ne plus le faire. J'ai dit aussi que je consacrerai à des aumônes le gain que, perversement et à mon grand remords, j'avais réalisé ainsi...

« Ils écumaient de rage et avaient envie de me tuer... Mais quoi? On est bien libre, n'est-ce pas, de ne plus jouer, quand on n'en a plus envie...

Parcours gratuit. — Hector, voleur international, a, par principes, le goût des grosses affaires. A l'occasion toutefois il ne dédaigne pas les petites, car il éprouve une joie de dilettante à duper ses contemporains. En outre, il est obligeant.

Hector, à la gare d'Orsay, a rendez-vous avec un vieux camarade qui doit « pour affaire » l'accompagner dans une ville d'eau du Sud-Ouest.

Hector a pris un billet de première classe...
Saurait-il voyager autrement?... Le vieux camarade se fait attendre... paraît enfin, l'air morne,
s'excusant : des revers inattendus ont mis du désordre dans ses finances, il est sans le sou, c'est
à grand'peine qu'il a réuni la somme nécessaire
pour prendre une place de troisième.

Hector s'émeut, réfléchit, sourit.

— Ne prends pas de billet du tout. Prends seulement un ticket de quai, et laisse-moi faire.

Le camarade, confiant dans le génie d'Hector,
obéit. Tous deux descendent vers le train. Hector
s'installe dans un wagon de première classe et,
dans le filet, place sa propre valise et celle de son
vieux camarade. Le vieux camarade reste sur le
quai avec l'air de quelqu'un qui ne part pas.
Un employé vient contrôler les billets. Hector présente le sien. Le vieux camarade montre son ticket de quai.

Le train va partir, Le vieux camarade monte
dans le wagon d'Hector comme pour lui faire une
dernière recommandation.

On siffle. Le train part.

Alors Hector prend son billet et, au dos du carton, avec son stylographe, écrit son nom. Puis il
remet le billet à son compagnon.

— Tiens, voilà ton billet. Prends garde seulement à le remettre à l'employé du côté de l'endroit, où rien n'est écrit. Et passe avant moi, sans
me connaître... Nous nous retrouverons sur la
place de la gare... Non, à l'hôtel... Tu sais lequel?

Oui, le camarade savait. Tous deux déjeunent
au wagon-restaurant, font une partie de cartes...

On arrive; le camarade prend sa valise, file en avant, donne le billet à l'employé à la sortie du quai. Hector, un moment après, se présente, parmi les autres voyageurs, devant cet employé. Il a un geste de la main comme pour remettre son billet, mais il se rejette en arrière comme s'il avait oublié quelque chose. Il lâche sa valise, tâte, assez longuement, ses poches, sourit comme s'il avait retrouvé l'objet cru égaré, — et veut passer.

— Votre billet, dit l'employé.

— Je viens de vous le donner... J'ai cru avoir oublié quelque chose. Vous avez bien vu...

— J'ai vu que vous vous êtes arrêté, mais je n'ai pas votre billet.

— Si, vous l'avez!

— Non, je ne l'ai pas! Vous ne passerez pas sans me le donner.

Ils ont élevé la voix. Les voyageurs s'attroupent. Le chef de gare survient.

On lui explique le cas.

— Je puis, dit Hector, prouver que j'ai bien remis mon billet.

— Ça, par exemple! dit l'employé.

— Oui, dit Hector, vous êtes inattentif dans votre service mais ce n'est pas ma faute. J'ai déjà été victime de mon inattention, à moi, une fois que j'ai perdu mon billet et que j'ai dû payer à nouveau. Depuis, j'écris toujours mon nom sur mon billet, à l'envers. Comme cela, si je le perds et si on le trouve, je puis signaler... J'ai écrit mon nom sur le billet que je viens de vous remettre, — un billet de première. — Mon nom est Hector. Cherchez... Monsieur le chef de gare, dites à vo-

tre employé de chercher dans ses billets. Il y en
a un qui porte mon nom : Hector.

— Ah! voyons, cherchez! dit le chef de gare,
impressionné par l'accent sincère de ce voyageur
élégant.

L'employé mécontent examine les billets qu'il a
dans la main et, à son extrême consternation,
trouve parmi eux celui où est écrit, en travers et
avec un beau paraphe ce nom : Hector.

— Vous voyez, dit Hector... Hein, si je n'avais
pas pris cette précaution j'étais chocolat. Je devais payer à nouveau... Si j'étais méchant, je de-
manderai le registre des réclamations.

« Enfin, n'en parlons plus...

Et il passe, indulgent et digne...

16

LES RATS D'HOTEL

Vous qui, tous les ans, de juillet à septembre, quittez Paris, pour aller, soit à la mer, soit à la montagne, méfiez-vous! Non seulement, le voleur vous guette, dans les trains, aux gares; mais il vous suit à l'hôtel, il loue une chambre voisine de la vôtre et, si vous avez eu l'imprudence de laisser de l'argent ou des bijoux dans votre valise, il vous les prend impitoyablement. Il a tout ce qu'il faut pour mener à bien ses opérations, fausses clés, pinces-monseigneur, barbe portative pour se grimer; ses cheveux changent de couleur, d'un jour à l'autre, comme ses vêtements.

Le scélérat ne choisit pas seulement les palaces, tout lui est bon, ou, plutôt, il y a des rats d'hôtel pour les grands établissements et il y en a aussi pour les hôtels modestes; aux uns, il faut un million de bijoux, tandis que d'autres se contentent d'un pardessus et voire d'une paire de chaussettes.

Le 14 juin 1924, Mrs Edward Rothschild, de New-York, fut volée, dans un hôtel de la Place Vendôme, à Paris, d'un porte-trésor en or ciselé valant 350.000 francs. Le rat d'hôtel s'en était emparé en fracturant un coffret en bois des îles.

Le même jour, on arrêtait, à la porte d'un hôtel de la rue Saint-André-des-Arts, un jeune Belge qui venait de prendre, dans une chambre, un tapis, une paire de drap et deux taies d'oreiller; il s'était entouré le ventre avec son butin, ce qui le rendait fortement obèse. Il eut l'audace de déclarer au commissaire Guillaume :

— J'ai ouvert un commerce de literie avec les bijoux dérobés dans les chambres de voyageurs : j'arrive — tous frais payés — à mettre de côté, bon an mal an, une trentaine de billets. Je me suis offert l'année dernière une saison en Normandie.

Parfois, les rats d'hôtel opèrent à deux, trois ou quatre. Au cours d'une seule nuit, aux Batignolles et dans le quartier de l'Europe, deux malfaiteurs ont visité sept hôtels. Rue du Mont-d'Or, un voyageur, M. Biry, ayant entendu un bruit insolite, se leva, ouvrit sa porte, juste à point pour voir fuir deux individus qui lui avaient volé 1.800 francs.

A un autre client ils avaient dérobé 2.000 fr.; de là, ils s'étaient transportés rue des Batignolles, avaient pénétré dans une chambre occupée par un M. Peter et lui avaient volé ses effets; en se retirant, comme le voyageur se dressait sur son lit, ils lui braquèrent froidement une lampe électrique dans les yeux et lui lancèrent ses vêtements à la tête; M. Peter s'aperçut, plus tard, qu'une somme de 500 francs qu'il avait la veille sur lui avait disparu; enfin les malfaiteurs, pour terminer leur nuit, se rendirent rue de Moscou et rue de Rome où ils raflèrent des dollars, des lei roumains, des

couronnes autrichiennes et tout ce qui leur tomba
sous la main.

On recherche toujours un nommé Fernandez,
sans autre indication, dont la présence est signa-
lée, tous les ans, dans un pays différent, tantôt
en Italie, tantôt en Amérique, tantôt en Angleterre. Au cours de son passage en France, il déro-
ba, en janvier, dans un hôtel des Champs-Elysées,
250.000 francs de bijoux à M. Smouah, industriel
anglais; à Nice, dans un hôtel de la Promenade
des Anglais, un collier de perles de 90.000 francs
appartenant à l'attaché commercial de la légation
du Pérou; dans un hôtel de la Place d'Armes, à
Menton, quatre colliers, trois bagues et une paire
de boucles d'oreilles appartenant à une couturière
parisienne; puis, il alla s'embarquer à Marseille,
après avoir volé le portefeuille d'un industriel;
il se servit des papiers de ce dernier pour se faire
recevoir dans les hôtels des villes de l'Afrique du
Nord et y rafler des bijoux, des valises et filer,
naturellement sans acquitter ses notes.

LE VOL A LA GRAISSE

On a employé, ces derniers temps, l'expression
« Vol à la graisse », pour désigner l'escroquerie
au jeu; c'est certainement « vol à la grecque ou à
la Grèce » dont on s'est servi, tout d'abord, pour
l'excellente raison qu'on traitait de « grec » tout
individu qui trichait au jeu. Dans la police, on est
obligé, si souvent, de parler argot que les expres-
sions usuelles se modifient à l'usage.

Le vol à la graisse s'est longtemps appelé le
bonneteau, du nom du jeu qui permettait le plus
facilement la tricherie. Les bonneteurs opéraient
dans les trains, notamment sur les lignes de
banlieue. Aujourd'hui, sous d'autres qualifica-
tifs, les chevaliers de l'as de cœur préfèrent
l'arrière-boutique d'un estaminet.

Ils combinent la scène à trois ou quatre, choi-
sissent un dimanche et vont s'installer dans un
café de banlieue; ils s'installent devant une table,
bien en vue, et se mettent à jouer aux cartes.

Un des joueurs, le banquier, perd avec une ré-
gularité déconcertante, c'est une mazette!

Des consommateurs s'approchent. Les curieux
s'intéressent à la partie; finalement, ils hasardent un enjeu, gagnent d'abord, puis se mettent

à perdre, veulent se rattraper et y laissent même leur montre.

Les malandrins affectionnent particulièrement le jeu dit des « Trois Cartes » qui constitue le meilleur des appâts. Le banquier a trois cartes en main : le roi de trèfle, le dix de cœur et le neuf de pique par exemple; il prend le dix de cœur entre le pouce et l'index de la main gauche, et les deux autres bouts de carton entre le pouce et l'index de la main droite, de façon que le neuf de pique soit en bas et bien visible. Le joueur montre les cartes, puis il les entre-croise deux ou trois fois et les lance sur le tapis. Le neuf de pique se trouve au milieu. Le banquier recommence quatre ou cinq fois de suite son manège, très rapidement; il s'agit de mettre le doigt sur le neuf de pique. Le banquier retourne la carte que votre doigt désigne. Si c'est le neuf de pique, vous avez gagné.

— Un coup pour rien! crie le bonneteur.

Vous désignez la carte et vous gagnez.

— Un autre coup pour rien.

Vous gagnez encore.

Des curieux misent un franc, ils gagnent plusieurs fois de suite; mais, soudain, la chance tourne et tout le monde perd, car on ne peut, à la fois, miser sur les trois cartes, il y en a toujours une pour le banquier; ou bien, le banquier accepte la mise sur les trois cartes, alors il n'a plus qu'à tricher et à faire disparaître le neuf de pique, il gagne à coup sûr.

Le roi des tricheurs. — Le plus célèbre tricheur

aux cartes fut le fameux Ardisson; il avait opéré avec une telle audace et une si impressionnante sûreté de main que, ne pouvant le démasquer et le prendre sur le fait, on lui avait fermé tous les cercles et tous les casinos, mais il parvenait quand même à forcer les consignes, il se transformait avec aisance, et en quelques minutes, en officier, en prince persan, en grand-duc, en Chinois ou en nègre du Texas; il possédait une garde-robe fournie et des papiers en règle, quoique archifaux. Quand il était parvenu à franchir une porte défendue et à pénétrer dans un cercle fermé, il n'en ressortait qu'après avoir fait sauter la banque. Quand un ponte raflait une banque par hasard, on se demandait, avec inquiétude, si ce n'était pas Ardisson.

Ardisson était arrivé à une habileté diabolique, et il parvenait, même avec des adversaires prévenus, à substituer au jeu de cartes celui qu'il avait dans sa poche, tout préparé. Inutile de jouer avec lui au poker. Il gagnait toujours, mais aussi il ne trouvait pas d'adversaires.

Dans les casinos où il était « repéré », sa faculté de se transformer lui permit d'exécuter, entre mille autres, les deux incroyables escroqueries suivantes.

Un petit casino dans les Pyrénées, près de Biarritz. On y joue petit jeu. Quelques paysans viennent là se mêler avec les baigneurs de l'été et perdre leurs économies. Un de ces paysans, couvert du béret traditionnel, arrive là comme les autres. Il regarde la partie. On joue au baccara avec un banquier. Il observe les pontes... ils ne sont pas bien riches, les pontes, et ils augmentent sensiblement leurs chances en pratiquant la « poussette ». On sait en quoi consiste cette manœuvre illicite. Quand on a un joli point, sans avoir l'air de rien, on pousse devant soi quelques jetons qui triplent ou qui quadruplent l'enjeu.

Le paysan, après avoir bien regardé, dit :

— Eh, moi, je prendrais bien une banque aussi, ça n'a pas l'air difficile.

C'est plus difficile qu'il ne croit, le pauvre! Il perd. Les affaires vont mal. Sur un coup, le premier tableau abat huit... le deuxième abat huit... ce sera encore fâcheux pour le banquier. Mais avant de regarder son point, celui-ci appelle un garçon.

— Dites-moi donc, garçon, dit-il en se retournant complètement, apportez-moi donc une boisson rafraîchissante : un sirop de grenadine... avec... comment vous appelez ce machin-là? Un... chalumeau... c'est ça.

Pendant ce court colloque, vous pensez si les pontes, à peu près assurés de gagner, ont pratiqué la poussette... les enjeux sont maintenant très forts et on attend toujours le banquier.

— Oh! pardon, fait celui-ci en se retournant vers la table, excusez-moi, je vous ai fait attendre.

Il retourne ses cartes :

— Cinq et quatre font neuf.

Et la palette du croupier ramasse tout l'argent des pontes trop gourmands.

Cette fois, Ardisson n'avait escroqué que des escrocs.

La seconde aventure se passa aussi dans un petit casino sur la Côte d'Azur, cette fois, avant 1900. Petite ville où les affaires n'étaient pas bien florissantes et, tous les jours, il y avait autour du tapis vert de bien maigres sommes. Le directeur du casino et ses actionnaires se lamentaient. Il fallait trouver des joueurs sérieux... mais où?

Un jour, on signala l'arrivée, dans un hôtel, d'un vieux général turc. On se renseigne. Le vieux général vit sur un grand pied. Il a avec lui trois domestiques qui l'aident à marcher, car il est à peu près impotent, il dépense 200 francs par jour. A l'époque, c'était une somme invraisemblable.

Un des tenanciers du casino arrive à lier conversation avec le général. C'est, ma foi, un homme fort aimable et d'excellente humeur. Il aime à raconter ses batailles, il a beaucoup de souvenirs... Tout le monde, petit à petit, fait sa connaissance. Un jour, quelqu'un lui dit :

— Ecoutez, général, savez-vous ce que vous devriez venir faire, un jour, avant le dîner... vous viendriez prendre l'apéritif au casino.

— Mais je ne joue pas, proteste le général.

— Naturellement, il ne s'agit pas de jouer... mais de prendre l'apéritif, simplement, en bavardant, nous y sommes tous, ce serait très gentil.

Le général se rend à l'invitation. On lui montre le casino. Il passe devant une table de jeu.

— Tiens, à quel jeu joue-t-on là?

— Au baccara.

— Au... comment?

— Au baccara.

— Ah! oui, chez nous, on joue au...

Et il décrit le jeu de son pays.

Mais, décidément, le baccara l'intéresse. Gentiment, on lui apprend comment ce jeu se pratique, le général comprend. Enfin, il dit :

— J'ai envie d'essayer. Je vais prendre une petite banque.

Il prend une petite banque. Mais le général ne joue pas très bien, et il perd. Il s'entête, il perd encore.

Il revient tous les jours, perd davantage. Petit à petit, cette rumeur se répand sur la Côte, il vient des gros joueurs de Nice et de Monte Carlo. Quinze jours plus tard, le général turc a perdu 500.000 francs.

Un peu dégoûté, il s'est arrêté. Mais on n'a plus besoin de lui. Maintenant, la partie marche très fort.

Enfin, un soir, vers onze heures, le général revient. Il dit au directeur :

— Je voudrais bien me refaire un peu... Je vais prendre encore une petite banque.

Mais le directeur est paternel :

— Non, écoutez, général, vous avez déjà assez perdu comme cela... vous êtes en guigne, il ne faut pas insister.

— Mais si, mais si, la guigne est finie, je le sens ce soir.

Il est obstiné, et il prend sa banque.

Il perd, il continue à perdre, il s'énerve, il perd encore.

Maintenant, il y a un jeu d'enfer autour de la table. Les gros billets et les grosses plaques dégringolent... on dépouille le général.

A une heure, il a encore perdu 500.000 francs.

Et puis, à une heure et demie, le général turc commença à abattre neuf tous les trois coups... et puis tous les deux coups, et puis tous les coups. A deux heures et demie, il était refait... et gagnait en plus deux millions.

Le lendemain, le vieux général turc avait disparu.

Comme vous le pensez, c'était encore un coup d'Ardisson... mais quelle patience et quel toupet « d'amorcer » ainsi sa clientèle, comme de vulgaires poissons, avec un bon million !

Ardisson opérait seul, et il avait bien rarement un complice. Un jour, cependant, avec l'aide d'un croupier, il dévissa la roulette de Monte Carlo; la remonta d'une certaine façon et quelques numéros sortirent à intervalles réguliers. Une heure après, on découvrait le sabotage... mais pendant ce temps-là, Ardisson ne s'était pas ennuyé.

Son secret, c'était une habileté de mains et une finesse de toucher telles que les plus forts prestidigitateurs n'en ont peut-être jamais possédé.

Tous les jours, il se passait le bout des doigts à la pierre ponce, et n'y laissait qu'une petite membrane hyper-sensible. Quand il avait touché une fois un jeu de cartes, il arrivait à reconnaître toutes les cartes, une à une, sans les regarder, rien qu'au toucher, et il les nommait sans se tromper.

A l'annulaire de la main gauche, il portait une bague, ornée, croyait-on, d'un brillant. Pas du tout. Le brillant était une petite glace qui permettait à Ardisson de voir le coin de la carte qu'il donnait de la main gauche. Et, je vous le garantis, le coin de la carte lui suffisait bien pour qu'il sût à quoi s'en tenir.

Vous en avez vu la preuve!

Au cours d'un voyage entre Lyon et Paris, Ardisson rencontra plus habile que lui. Un forain enrichi était monté dans le même compartiment que le fringant Ardisson.

— Tiens! se dit ce dernier en voyant l'autre, il a une bonne tête; a-t-il au moins du pognon?

Le forain lui ayant demandé :

— Me permettez-vous de fumer la pipe?

— Oui, mais, comme je ne fume pas, moi, et que je ne sais comment me distraire, je vous autorise, à condition que nous jouions une petite partie de baccara. Oh! pas le Pérou; ce qu'il vous plaira de miser.

— Je tiens tous les coups, répondit froidement le voyageur, en allumant sa pipe.

Une valise fit fonction de tapis et la partie commença.

Ardisson laissa gagner son partenaire; mais, à chaque nouvelle coupe, il proposait de redoubler. Quand la masse fut jugée assez forte par Ardisson, celui-ci voulut procéder à la substitution du jeu de cartes qu'il avait en main, contre un autre, tout préparé, qu'il avait en poche. Ses doigts crochus rencontrèrent le vide. On lui avait volé ses « brêmes » maquillées. Faisant bon cœur contre mauvaise fortune, il donna et abattit « neuf ».

— Neuf! annonça le forain.

Ardisson examina furtivement les cartes et constata que les trois que son partenaire venait d'abattre appartenaient au jeu qu'il croyait disparu.

Cinq fois, le forain abattit neuf.

— Vous êtes trop fort, déclara Ardisson, nous continuerons cette partie à Paris.

— Non, répondit le forain, je n'opère plus; je ne joue que pour me distraire.

Au bar. — Comme nous l'avons dit, le vol à la graisse se commet, aujourd'hui, dans les arrière-boutiques de marchands de vin, car il est d'un trop petit rapport et présente trop de danger; il a pour principal théâtre, à Paris, les abords des gares.

Un voyageur arrive en avance, soit qu'il ne soit pas pressé, soit qu'il aime autant attendre son train dans le hall que sur la voie publique; il s'assied sur un banc. Un autre voyageur lui demande :

— Vous allez à Lyon?

— Oui.

— Moi aussi. On s'ennuie ferme. Le train ne part que dans une heure. Venez donc me tenir compagnie, je ne veux pas faire « suisse ».

— Je vous assure que je ne tiens pas à aller au café.

— Je vous offre une consommation.

Bref, l'autre se laisse tenter et les deux hommes vont dans un bar. Près de la table où ils s'installent, une partie de cartes est engagée. Un des joueurs perd tout ce qu'il veut. Les deux hommes hasardent une petite somme; ils gagnent avec une telle facilité qu'ils persistent. Au bout d'une demi-heure, les deux hommes sont à sec; mais l'un, l'inviteur, rentrera dans ses débours avec un bénéfice, tandis que l'autre ne pourra même pas prendre son billet.

Il est un fait, c'est que les individus qui se livrent à cette escroquerie ne restent pas longtemps sans faire connaissance avec le Dépôt de la Préfecture de Police.

LES VOLS
DANS LES GRANDS MAGASINS

On n'en parle jamais parce que, dans les traités de publicité avec les journaux d'information, les grands magasins imposent la clause dite du « silence »; il est stipulé formellement que les vols commis à leur préjudice ne seront jamais signalés, qu'ils soient le fait des clients ou du personnel, clause bien inutile, car les vols quotidiens sont si nombreux, à Paris, que les journaux n'en parlent que lorsqu'ils sortent de la banalité courante.

Et il n'y a pas que les grands magasins qui font le silence autour des vols dont ils sont victimes, il y a aussi les établissements de crédits et les grosses firmes commerciales. Toutes ces grandes administrations passent les vols au perte et profits. Elles poussent si loin la crainte de la publicité que, de peur que le méfait soit connu, elles le cachent même à la police et au Parquet du Procureur de la République.

Il me souvient qu'un jour un monsieur se présente au bureau du directeur de la Police judiciaire, quai des Orfèvres, et fait cette déclaration.

— Monsieur le commissaire, poussé par le remords, je viens me constituer prisonnier.

— Comme vous êtes le cinquième aujourd'hui et qu'il y en a deux qui nous ont menti, faites bien attention!

— Je vous affirme que je suis un grand coupable. J'ai détourné, dans une banque, près d'un million, j'ai tout perdu aux courses et il ne me reste que mes yeux pour pleurer.

L'employé indélicat raconte comment il a pu voler un million sans être découvert.

Le commissaire téléphone à la banque :

— Nous avons ici un nommé Lefèvre qui dit être votre employé et prétend vous avoir détourné un million.

— Nous allons voir, répond-on de la banque.

Et le commissaire attend.

La journée se passe et l'établissement de Crédit ne donne pas signe de vie. La nuit s'écoule sans nouvelles. A 9 heures du matin, comme on ne peut garder impunément un prisonnier au violon et que, dans les 48 heures, il doit subir l'interrogatoire d'identité d'un juge d'instruction, on retéléphone à la banque qui répond, cette fois.

— C'est un fou, votre Lefèvre. Flanquez-le à la porte!

Le commissaire bondit sur le prisonnier et lui crie :

— Alors, tu t'es payé ma tête, propre à rien!

— Moi...?

— Oui, toi? Tu n'es pas plus employé que moi à la banque Une telle...

— C'est trop fort!

— Tu n'as pas volé.

— C'est encore plus fort!

— Tu vas ficher ton camp ou, sinon, tu vas recevoir une de ces purges qui compte dans la vie d'un employé de banque...

— Si j'avais su, ce n'est pas un, mais dix millions que j'aurais pris. Comme je ne veux pas passer auprès de vous pour un menteur, je vais vous apporter la preuve que je suis bien employé à la banque en question.

Et il l'apporta.

Tous les reporters qui fréquentent le Palais de Justice connurent l'affaire; elle ne vit jamais le jour, bien qu'elle eût donné lieu à une vingtaine de copies. Moi-même, en la racontant aujourd'hui, je ne cite pas le nom de la banque, parce qu'elle pourrait me poursuivre pour diffamation.

La police des grands magasins. — Pour en revenir aux grands magasins de nouveautés, disons que ceux-ci, comme toutes les grandes administrations, entretiennent, à grands frais, des services de police privée et ont des brigades d'inspecteurs de surveillance, comme ils ont des pompiers; quelques-uns d'entre eux ont fait l'expérience de policières femmes et s'en sont bien trouvés.

Dès que les inspecteurs ont pincé un voleur, ils le conduisent au commissariat du quartier où est situé le magasin. Souvent, une transaction intervient, sinon, le commissaire va perquisitionner à l'adresse donnée par la délinquante. Cette opération de police provoque parfois des incidents assez vifs. Un secrétaire de commissaire fut surpris, un soir, par un mari qui ignorait le larcin. Ce dernier crut se trouver en présence d'un cambrioleur et faillit lui loger une balle dans la tête.

Il arrive que la voleuse refuse de décliner son identité, alors, c'est une longue enquête qui se termine au Tribunal correctionnel où la femme — car il est rare que le voleur de grand magasin soit un homme — est condamnée, sans qu'on ait pu savoir son nom.

Des inculpées ne consentent à parler qu'après une longue prévention.

A côté de ces désespérées, il y a les vieux chevaux de retour : la reine des « Carreuses », la Belle Henriette, la Môme Fafoin et combien d'autres, qui se font repincer aussitôt sorties de prison.

On ne s'explique même pas comment ces piliers de maison centrale peuvent additionner 150 ans de prison et des centaines de mille francs d'amende.

Il y avait une « carreuse » à la prison Saint-Lazare, célèbre par sa piété; elle s'appelait La Mananda et était Espagnole, elle n'avait jamais voulu dire qui elle était; ses bonnes manières et sa politesse exquise laissaient supposer qu'elle avait appartenu au meilleur monde. Chaque fois qu'elle devait voler, elle se rendait à l'église

Notre-Dame-des-Victoires, priait avec ferveur et allumait un cierge; puis elle pénétrait dans les magasins du Louvre et dérobait une pièce d'étoffe, un parapluie ou tout autre objet.

Dernièrement, on a arrêté, à la Samaritaine, une femme qui, officiellement, était morte depuis vingt ans...

En juin 1908, M. Emile B..., demeurant rue de Naples, avait fait rechercher, partout, sa femme qui avait abandonné le domicile conjugal. Le 25 juin, un de ses amis le prévint que, passant devant la Morgue, qui était encore à cette époque située derrière l'église Notre-Dame, il avait pénétré dans le funèbre bâtiment et avait aperçu, sur une des dalles, le cadavre de Mme D... née Boulet, laquelle avait dû certainement se suicider.

Le mari et un parent de la défunte se transportèrent à la Morgue et reconnurent officiellement le cadavre de Mme D... Elle fut inhumée au cimetière de Bagneux. Le veuf se remaria.

Vingt ans passèrent. Emile, devenu vieux, ne songeait plus à la disparue, quand, un soir, alors qu'il rentrait du travail, un gardien de la paix vint le prévenir qu'au commissariat du Palais-Royal une voleuse qui venait d'être arrêtée, prétendait être Mme D...

Le mari protesta; sa seconde femme éclata en sanglots, ses enfants firent chorus. Hélas! il fallut bien se rendre à l'évidence. Mme D... était toujours vivante et la femme enterrée sous son nom était une de ces nombreuses épaves qui vivent et meurent sur le pavé de Paris, sans que personne se doute de leur existence.

L'affaire s'arrangea et le bigame ne comparut pas devant la Cour d'Assises.

De bons trucs. — Les professionnelles du vol dans les magasins de nouveautés emploient tous les moyens pour dissimuler les produits de leur larcin. Une d'elle s'était confectionnée une poche sur le ventre et y engouffrait les menus objets qu'elle dérobait. Un inspecteur ayant remarqué que cette visiteuse, qu'il avait vue rentrer maigre comme un clou, sortait avec un ventre énorme, eut la curiosité de lui frapper amicalement sur l'abdomen, en lui disant :

— On en a plein le bide, la petite mère?

— Insolent! répondit-elle.

Mais la main de l'inspecteur avait reconnu quelque chose de pointu. Il souleva le tablier de la donzelle et y découvrit la poche à surprises; elle renfermait des bas, un chapeau, un bougeoir, des aiguilles à tricoter et un tambour d'enfant.

Une autre avait transformé son parapluie en sac de voyage et y dissimulait des flacons de parfumerie, une montre et des stylos. Une troisième passait les objets volés à son petit garçon; une quatrième, la plus forte de toutes, glissait l'objet volé dans la poche d'une cliente, la suivait jusque dans la rue, puis l'accostait, en lui disant :

— Madame, vous venez de voler dans le magasin, je suis inspectrice de police, suivez-moi au poste.

On juge de la terreur de l'innocente et de ses

protestations; malheureusement, la preuve du larcin était là, dans la poche. Alors, la voleuse se montrait accessible à la pitié, reprenait l'objet, se faisait verser une somme qui variait suivant la solvabilité de la dupe, puis allait en quête d'une autre victime.

Les voleurs de sacs. — Rue de Rivoli, un inspecteur remarquait les allures étranges de deux femmes qui, sans faire d'emplettes, rôdaient autour des rayons où il y avait affluence. L'une, la plus vieille, âgée de 60 ans environ, semblait surtout préoccupée des allées et venues des vendeuses, quant à l'autre, jeune et jolie, elle se pressait contre les clientes et les serrait de près.

Persuadé qu'il avait devant lui deux « tireuses » professionnelles, il ne les quitta pas de vue, mais inutilement, elles étaient plus fortes que lui.

Enfin, la plus jeune, profitant de ce qu'une cliente discutait avec animation avec un vendeur du rayon de la lingerie, s'approcha d'elle :

— Je vois ce que c'est, se dit l'inspecteur, c'est une voleuse pour cliente !

Il se trouva auprès d'elle, au moment précis où elle mettait la main dans le sac de la cliente. Plus rapide que la voleuse, l'inspecteur lui ferma le sac sur les doigts et la retint prisonnière.

Amenée au commissariat de police, elle protesta énergiquement. Comme on trouva, sur elle, onze portefeuilles et une douzaine de porte-monnaies, elle dut convenir qu'elle les avait pris. Quant à la vieille, elle affirma ne pas connaître sa complice, ce que confirma la coupable. Dans ces conditions, on dut la remettre en liberté.

600.000 francs de bijoux. — La princesse Stéphanie de Hohenloe, de Vienne, fut victime d'un vol semblable, dans un grand magasin. Elle avait apporté avec elle pour 600.000 francs de bijoux qu'elle avait déposés dans une banque de la rue Le Peletier.

Devant assister, deux jours après, à une soirée, elle vint prendre ses bijoux à la banque; elle les plaça dans un sac à main, en soie noire, ainsi que 4.000 francs en coupures françaises et 200 livres sterling. Pour que son sac ne s'ouvrit pas, elle piqua l'étoffe avec une épingle de sûreté. Le précieux réticule était en outre retenu au bras de la princesse par une chaînette d'argent.

Elle alla déjeuner avec le directeur de sa banque, dans un restaurant du Passage des Princes. A 2 heures, elle quittait le restaurant et se rendait dans un magasin de la rue de Provence.

Voici sa déposition concernant le vol :

— Une fois entrée dans le magasin, je me rendis aussitôt au rayon de parfumerie pour y acheter de la poudre dentifrice. Il y avait beaucoup de monde. J'avais encore mon sac... A un moment donné, j'eus la sensation que l'on me portait un coup, au bras droit. Je me retournai, mais je ne vis personne. Quelques minutes après, je m'aperçevai de la disparition de mon sac et de son contenu.

Il est incontestable que la princesse a été suivie, pendant toute la journée, par une femme ou un individu qui savait qu'elle portait sur elle une fortune.

Alors qu'une grande dame se faisait dévaliser, dans le même magasin on surprenait une autre princesse, Russe celle-là, portant un des plus grands noms de l'Empire des tzars. Elle s'était cachée dans les water-closets pour enrouler, sous ses vêtements, des coupons de soie, des bas et des écharpes qu'elle venait de voler sur un des rayons.

Exportation. — En 1919, on arrêtait, en flagrant délit de vol dans un grand magasin, le vicomte Charles-Louis de C... de B... Il avait loué un dépôt pour emmagasiner les marchandises dérobées. Deux ans après, ayant bénéficié de l'amnistie, on le repinça dans un autre établissement, mais, cette fois, on ne découvrit pas sa resserre. Il travaillait pour l'exportation.

LA KLEPTOMANIE

La kleptomanie est-elle une forme de folie subordonnée à la nature de l'acte commis par le malade ou serait-ce un vice naturel, comme la gourmandise?

La manie du vol, qui est corrigée dès l'âge le plus tendre et disparaît rapidement, se développe, au contraire, chez certains individus qui ne sont ni des paralytiques généraux, ni des déments simples, ni des hystériques, ils volent comme d'autres chantent ou dansent.

Victor-Amédée, roi de Sardaigne, dérobait partout des objets sans importance. Un médecin connu ne pouvait accepter une invitation à dîner sans emporter son couvert, qu'il fût en argent ou en fer-blanc. Un député volait des réveille-matin dans les grands magasins, un conseiller d'Etat chipait des ustensiles de ménage; enfin, un jeune prince allemand ne rentrait au château que les poches pleines; son gouverneur était obligé de le fouiller chaque fois qu'il revenait de promenade.

La femme est-elle plus sujette que l'homme à la kleptomanie? Non. Si on relève plus de cas dans le monde féminin que dans le sexe fort, c'est que ces dames trouvent une facile excuse à l'envie trop forte qu'elles ont de s'emparer d'un objet qui les tente : bijou, coupon de soie, jumelles de théâtre ou manteau de fourrure.

Une douairière, portant un nom historique, étant morte subitement, on découvrit chez elle, dans une pièce dont seule elle avait la clé, une foule d'objets dérobés aux étalages, dans des boutiques, dans des musées, depuis des encriers jusqu'à des pantoufles en paille tressée. Il y en avait pour plus de 500.000 francs. Jamais la grande dame n'avait vendu, porté ou utilisé, aucun de ces objets.

La razzia des boutiques. — La 13ᵉ chambre correctionnelle du Tribunal de la Seine a jugé un ancien magistrat d'une République sud-américaine et son épouse accusés de vols dans les grands magasins. L'ancien magistrat, qui était âgé de 65 ans, était venu en France dans une cabine de luxe qu'il avait payée 20.000 francs; il avait en portefeuille 60.000 francs, une traite de 75.000 francs et 300.000 en banque. Au tribunal, des témoins, des diplomates, des compatriotes vinrent certifier que l'accusé possédait une fortune considérable. Il avait razzié dans tous les grands magasins. On avait trouvé sur lui, au moment de son arrestation : deux timbales, une brosse à cheveux, six plateaux, quatre plaques de cuivre, une passoire en fer, un entonnoir et une varlette. Une perquisition opérée dans l'appartement qu'il avait loué, dans un grand hôtel de l'Etoile, avait fait découvrir pour 4.500 francs d'objets dérobés. L'accusé offrait de désintéresser tout le monde, mais il ne se souvenait même plus où il avait opéré. Il fut condamné à quatre mois de prison avec sursis et deux ans d'interdiction de séjour, ce dont il fut profondément affecté.

L'étudiant chinois. — Un étudiant chinois se présenta, un 2 août, chez un bijoutier du boulevard des Capucines et se fit montrer une collection. Le jaune prit les bijoux en main et, avec une lenteur affectée, les examina minutieusement, paraissant s'intéresser surtout aux médaillons en or; les trouvant trop chers, il n'en acheta aucun.

Le Chinois, en se retirant, avait promis de revenir; le bijoutier ne le revit pas; il procéda à l'inventaire de sa collection et constata qu'un médaillon en or à quatre compartiments, d'une valeur de cinq cents francs, avait disparu. Il porta plainte, l'étudiant fut retrouvé. On découvrit chez lui divers objets volés chez des joailliers.

Un malade ? — Un jeune homme entrait au commissariat de police d'un quartier du 9ᵉ arrondissement et demandait :

— Vous recherchez bien un individu qui, depuis une quinzaine de jours, met en coupe réglée les magasins de luxe de l'Opéra?

— Oui. Voilà même l'inspecteur qui enquête sur lui.

L'inspecteur désigné précisa :

— Je recherche un jeune homme qui se dit le fils ou le neveu du Président du Conseil des Ministres.

— C'est bien cela.

— Il fait d'importantes commandes et se fait livrer à domicile.

— Qui n'est jamais le même, naturellement!

— Il prend la marchandise des mains du livreur et, sous le prétexte de la montrer à son père, qui est malade, passe dans une chambre voisine qui possède une issue sur le couloir et disparaît.

— C'est bien cela. Ce filou, c'est moi. Je viens me constituer prisonnier et vous prier d'aller reprendre les marchandises dérobées qui sont rue Mogador, afin de les rendre à ceux auxquels elles appartiennent. Quant à moi, je vous prie de me faire interner, car je suis poussé au vol par une force irrésistible. J'ai dû être envoûté!...

Satisfaction lui fut donnée. Fut-il guéri? Je l'ignore.

La femme de chambre de Mme Bessarabo. — Mme Bessarabo, la femme de lettres qui tua son mari et mit le cadavre dans une malle, a eu, étant en prévention à la prison Saint-Lazare, une Bretonne comme femme de chambre. Cette femme, qui avait encouru déjà trente ans de prison et cent vingt-cinq ans d'interdiction de séjour, avouait à la célèbre détenue, qui lui conseillait de changer son genre de vie :

— C'est malgré moi que je vole... Quand je pénètre dans un magasin, je suis hypnotisée par les objets exposés... Je sens que je vais prendre... Je tremble, j'hésite, je m'efforce de résister et je finis toujours par céder à la tentation.

Drame de la kleptomanie. — On pourrait citer les exemples par milliers. Souvent, la kleptomanie est passagère, et alors le délit peut se réparer.

On a connu malheureusement des commerçants qui se sont livrés à de véritables chantages et qui, pour ne pas porter plainte, ont exigé cent fois la valeur de l'objet dérobé. Pourtant, c'était la première fois que l'on volait chez eux.

La kleptomanie a motivé des quantités de drames de familles, de tentatives de suicides et des morts violentes. Combien de décès inexpliqués ont eu pour cause cette épouvantable manie !

On arrête, certain soir, à la fermeture d'un grand magasin, une dame âgée qui venait de s'emparer d'un stylo de 60 francs. La coupable, conduite au poste, refuse de décliner son identité. Ecrouée, le lendemain, à la prison Saint-Lazare, elle tente de se suicider et fait la grève de la faim. Il n'y a pas d'erreur, cette femme est une kleptomane.

Le juge d'instruction la supplie de dire son nom, lui promet de taire son aventure et d'arranger l'affaire avec le grand magasin, le délit ne viendra pas au tribunal. Elle garde un mutisme absolu; mais la famille, inquiète, fait des recherches et ne tarde pas à connaître la vérité. Le plaignant est largement indemnisé, la plainte retirée.

Remise en liberté, la kleptomane rentre chez elle et meurt deux jours après. Un maître chanteur connu a vent du scandale, il se fait verser deux fois 20.000 francs par le mari de la défunte.

A la troisième tentative du folliculaire, le mari se loge une balle dans la tempe droite.

QUELQUES ESCROQUERIES

Méfiez-vous des gens dont vous faites la connaissance dans un restaurant.

Ce fut dans un établissement de premier ordre, situé rue de Ponthieu, que le 31 octobre 1926, l'honorable London Haal, de New-York, fit la connaissance de son voleur; ce dernier, jeune, élégant, sympathique, semblait à la table voisine de celle occupée par l'Américain, se faire violence pour manger, tant le torturait visiblement un inexplicable désespoir.

M. London Haal, qui est un sensible, finit par demander à son voisin de table, avec toute la délicatesse que commandait une telle indiscrétion, quelle était la cause d'un tel chagrin.

— Je n'oserai jamais, s'écria le jeune homme, avec des larmes dans la voix.

— Osez, mon garçon, osez. J'ai beaucoup vécu, donc beaucoup vu et rien ne peut m'étonner.

— Je suis le comte Robert Van Dyck, fils du peintre célèbre. Mon père est actuellement à Rome. Le roi Victor-Emmanuel et M. Mussolini lui font faire leur portrait. Je me trouve seul à Paris et ma femme est morte soudainement, cette nuit... Une créature exquise, monsieur, descendante également d'une artiste célèbre, Mme Vigée-Lebrun... Je ne puis me procurer la somme nécessaire pour acquitter les premiers frais urgents des funérailles, car les banques sont fermées pendant les fêtes de la Toussaint.

— Van Dyck... Van Dyck?... pensa l'Américain. Où diable ai-je vu ce nom-là? Il ne m'est pas inconnu...

Ne voulant pas froisser le jeune homme en paraissant ignorer l'existence de son père, il ne crut pas devoir demander des précisions. Le comte Robert avait une attitude si parfaite dans son double chagrin que M. London Haal lui avança trois billets de mille francs.

Les deux convives échangèrent leurs adresses et se séparèrent.

Un malheur n'arrive jamais seul!

Le lendemain, le généreux citoyen des Etats-Unis recevait la visite du jeune homme encore éploré qui lui apprit :

— Un terrible accident de chemins de fer est survenu sur la ligne de Lyon. Mon père était dans le train... Il a pu en réchapper, mais s'il est sain et sauf, son retour se trouve retardé et il a fallu procéder, en son absence, aux funérailles de la défunte. Voici la note des Pompes Funèbres, elle s'élève à 11.960 francs.

— Evidemment, répondit l'Américain, vous ne pouviez pas enterrer moins richement la descendante de Mme Vigée-Lebrun. Voici 20.000 francs, vous me les rendrez au retour de votre papa.

Le pitoyable jeune homme, dans sa reconnaissance débordante, offrit à son prêteur une traite de 24.000 francs tirée à son bénéfice et payable à Evian où l'étranger devait se rendre; il lui fit cadeau d'une bague ayant appartenu à Mme Vigée-Lebrun et qui lui avait été offerte par Napoléon I⁰ʳ en personne, au lendemain d'Austerlitz.

Deux jours après, M. London Haal était appelé au téléphone :

— Allo!... Je suis le peintre Van Dyck. Voulez-vous me faire le plaisir de venir dîner, ce soir, avec moi. Je serais si heureux de vous remercier de vive voix des bontés que vous avez eues pour mon fils.

— Comment! avec plaisir! répondit l'Américain. Trop flatté de faire la connaissance d'un aussi grand peintre que vous...

— Je vous attend, à sept heures, avenue Victor-Emmanuel. Vous y demanderez le peintre Van Dyck.

M. London Haal se rendit au restaurant désigné et y demanda le célèbre artiste.

— Il est mort en 1641, lui fut-il répondu.

Quant à la bague offerte par Napoléon I⁰ʳ à Mme Vigée-Lebrun, elle fut estimée 2 fr. 50 par un bijoutier.

Le soir même où l'Américain s'apercevait enfin qu'il avait été joué, le faux comte Van Dyck, qui se prénommait pour la circonstance Arnold, fit la connaissance, dans un restaurant des Champs-Elysées, d'un industriel près duquel il joua la même comédie. En échange de 25.000 francs, il lui donna, en garantie, une traite au nom de M. de Saint-Odile, place de Brouckere, à Bruxelles. Il mangea la somme avec un mannequin de la rue de La Boëtie, qu'il finit par dépouiller de toutes ses économies.

Il ne fut jamais pincé.

******

Héros à peu de frais. — La guerre avait fait éclore un certain nombre d'escrocs qui, ayant perdu l'habitude du travail et celle de se préoccuper du lendemain, furent complètement désemparés et vécurent d'expédients.

Prenons un exemple entre tant d'autres, malheureusement!

A la démobilisation, en 1920, une femme du monde habitant rue du Faubourg-Saint-Honoré, fit la connaissance au théâtre d'un brillant capitaine, officier de la Légion d'honneur, décoré de la croix de guerre, la poitrine ornée de rubans. L'officier était éloquent; sa conversation était remplie d'anecdotes sur la longue campagne où, modestement il avouait avoir joué son rôle.

Les héros sont aimés des femmes.

La jeune dame lui offrit l'hospitalité. Tous les jours, elle l'accompagnait aux Invalides où il prétendait être en subsistance. Il entrait dans le monument, salué par les plantons; rien ne pouvait faire douter de son grade. Son amie lui prêta de fortes sommes qu'il devait lui rendre, lorsqu'un léger malentendu avec sa famille serait dissipé. Il la ruina complètement.

Simple ancien soldat au 149ᵉ régiment d'infanterie, le démobilisé avait pris le nom et titre de comte Albert de Beaumont. Reçu dans un certain monde, l'escroc prétendait faire partie de l'état-major du maréchal Pétain, il évoquait négligemment d'importantes propriétés en Argentine et un héritage de quatre millions que sa mère devait lui laisser. Pourtant il était très gêné et avait besoin de cinq mille francs pour régler, le lendemain, un important achat de bestiaux. Il se trouvait toujours un capitaliste, dans la société, pour lui offrir la somme. Le comte se faisait prier, il avait horreur des dettes! Finalement, il acceptait.

Comment n'avoir pas confiance dans le capitaine, puisqu'on le rencontrait souvent dans les théâtres, les établissements de nuit et les grands cafés avec des officiers du Gouvernement militaire de Paris qui appréciaient, en lui, une bonne humeur constante et une générosité sans égale — ça lui coûtait si peu!

Pendant cinq ans, le faux capitaine mit en coupe réglée les honnêtes gens, louant à crédit des autos, des pianos, « tapant » à droite et à gauche, se faisant payer des services qu'il ne pouvait rendre, escroquant celui-ci pour rembourser celui-là qui menaçait de s'adresser à la justice. Il parvint même à s'introduire à l'hôpital Cochin, où il fut accueilli avec un grand respect par le personnel; il se présentait aux blessés de guerre comme étant chargé d'enquêter sur leur envoi possible en convalescence, dans le Midi; il ne s'occupait naturellement que des blessés qui avaient une famille aisée :

— J'ai vu votre dossier, disait-il, vous rem-

plissez les conditions pour être envoyé à Pau,
dont le séjour est gratuit. Seul, les frais sont à
votre charge. Donnez-moi votre adresse, je vais
arranger ça avec votre famille.

Il se faisait remettre les fonds et on ne le
voyait plus, car il avait bien soin de procéder
par série. Un jour, il abandonna, à la gare d'Orsay, quatre gazés qu'il devait accompagner à
Pau.

S'étant lié avec une dame qui avait un fils
écolier, il dit à ce dernier :

— Que dirais-tu, petit, de la carrière militaire? C'est agréable? Veux-tu faire un officier
comme moi?

— Oh! oui, répondit le gosse.

— Je te prends au mot, je vais te faire donner des leçons et, si tu travailles, je te pousse-
rai.

Il embaucha un professeur qu'il ne régla jamais, emprunta cinq mille francs à la mère,
puis disparut.

Ayant épuisé son crédit sur la place, il en
fut réduit à voler. Il fut arrêté sur la plainte
d'une couturière à laquelle il avait dérobé 11.000
francs et une cape de grande valeur.

Histoire juive. — Il avait entendu dire et répéter par son père, son grand-père, ses oncles et
toute sa famille :

— Pour réussir, il faut être juif et franc-
maçon!...

Ne pouvant être juif, puisqu'il était né chrétien — crétin, prétendait son père, — il serait franc-maçon.

Que voulait-il devenir? Conseiller d'Etat, député, ministre même — il y en avait de plus bête que lui.

Le jeune Lombard vint donc à Paris et fit la connaissance d'un directeur de journal, surtout agent de publicité, dont la feuille anémiée n'était plus servie que gratuitement à des parlementaires, afin de bénéficier des fonds secrets et de la publicité financière.

Une nuit, au cours de laquelle le directeur et son protégé visitaient les boîtes de nuit, le jeune provincial questionna :

— Il faut donc être juif pour réussir?

— Tout le monde est juif, répondit le Parisien, ou plutôt il y a beau temps qu'il n'y a plus d'Israélites sur la surface du globe; ils ont disparu, comme tous les autres peuples de l'Arabie. Ainsi, jamais on ne parle des Philistins, et, pourtant, ils étaient plus nombreux que les Juifs; mais voilà, les Hébreux ont eu la veine d'avoir Jésus-Christ, ce qui leur a permis de passer leurs prénoms à l'univers...

— Pourtant, il y a des Nathan, des Samuel?

— Oui, comme Samuel des Variétés qui s'appelle Leveau.

— Et les Rothschild?

— Vieille famille bretonne; les Durondard qui se sont transformés en Rothschild pour devenir milliardaires; comme moi qui suis né Lebidou et qui ai pris le nom de Kœmer; car il est indispensable que le pseudonyme juif soit teinté de russe ou d'allemand, tel Jocobsky ou bien Blum. Tenez, Blum, par exemple, ça veut dire Lafleur. Or, Lafleur, ça sent son « pedzouille » à quinze pas, tandis que Blum, ça a un fumet de bourse et de banque qui vous pose un homme.

— Alors, moi, Lombard, je peux prendre un nom israélite?

— Pourquoi pas; Lévy-Lombard... Que dites-vous de ça?

— Comment s'y prendre pour que ce soit légal?

— Vous allez faire souscrire, à votre père, cent actions de mon canard. Je vais vous bombarder rédacteur parlementaire. Vous signerez Lévy-Lombard et tout Paris ne vous connaîtra que sous ce nom-là.

Le père Lombard paya dix mille francs des actions qui ne se négociaient même plus aux Pieds-Humides, mais Lombard devint Lévy.

Il ne restait au futur candidat aux élections législatives que d'être franc-maçon, pour être complet.

— Qu'à cela ne tienne, lui déclara Koemer. Il y a une telle quantité de postulants à la rue Cadet, que vous resterez dix ans louveteau et que vous ne deviendriez jamais chevalier Kadosch, Rose-Croix ou Grand Maître. Nous allons fonder un Temple « L'Ombre d'Occident », avec le concours de frères dissidents du Rite Ecossais... Nous commencerons par vous initier...

Kœmer vendit au jeune Lombard, et à quel prix! l'épée d'or du Grand Bouddha Jaune, le tablier blanc de Cromwell, le grand cordon du roi Naroth, avec attributs sataniques; la couronne d'épine d'Héraclius, le bâton aux feuilles de chêne de Pythagore et, également, tout ce qui restait d'actions du canard.

Une tenue solennelle eut lieu dans les sous-sols d'une brasserie parisienne et Lévy-Lombard fut sacré chevalier rose-croix.

En l'espace d'un an, le père Lombard fut complètement ruiné. Pour vivre, le fils, abandonnant ses hautes destinées, se fit clerc de notaire, dans un chef-lieu de canton. Quant à Koemer, il fit mettre en faillite la Société Fermière Lévy-Lombard et reprit possession de son canard et la jouissance complète des fonds secrets.

Le voleur volé. — Son torse d'athlète moulé dans un veston de drap anglais couleur pistache, coiffé sur l'oreille d'un chapeau melon, le cou nu émergeant d'une chemise rose sans faux-col, chaussé d'étincelantes bottines vernies à tiges blanches, le grand Charlot, accoudé au comptoir d'un petit bar de Montmartre, fumait une cigarette à bout doré, en contemplant d'un œil rêveur un verre à demi-plein de whisky. L'intéressant jeune homme était soucieux. Sa bele et généreuse amie, la Panthère de Barbès, « emballée » dans une rafle, se morfondait à Saint-Lazare depuis quinze jours et Charlot, qui faisait tinter dans la poche de son gousset trois pièces de quarante sous, songeait avec amertume que ces six francs constituaient toute sa richesse.

Dans la doublure de son veston, il avait bien un petit paquet d'une certaine poudre blanche, aux reflets d'argent. Mais cette marchandise était d'un placement difficile. Depuis que des législateurs sans vergogne s'étaient permis de reviser l'ordonnance royale du 29 Octobre 1846 « portant règlement sur la vente des substances vénéneuses », la petite industrie de Charlot comportait un risque professionnel des plus graves. Une sueur froide lui mouillait les tempes, quand il songeait aux copains, à Bubu, à Nénesse, au Brésilien, qui avaient été faits et que la République, pour de longs mois, logeait à Fresnes. Le père Ballot lui-même, l'Empereur des marchands de cocaïne, celui qu'on appelait le Maître, avait connu la rigueur des lois.

— V'là ce qu'ils appellent l'encouragement au commerce...! Sales politiciens! proféra le grand Charlot à voix basse.

Et il cracha sa cigarette.

Le petit chasseur du bar vint le tirer de ses sombres réflexions.

— Charlot, lui souffla-t-il à l'oreille, y a une femme qui te demande à la porte. Une bath gonzesse, avec des « diams » plein les doigts.

Charlot se redressa soudain, envahi par l'espoir. D'un bond, il fut dehors. La nuit tombait sur le boulevard de Clichy, une nuit de ténèbres lourdes, sans lune, sans étoiles. Les prunelles dilatées, son maigre visage secoué de tics nerveux, une jeune femme, fort élégante, piaffait d'impatience devant le bar. Charlot reconnut tout de suite qu'elle était, pour parler le langage des adeptes, « en pleine vision ». Et le dialogue suivant s'engagea, rapide, à voix étouffée entre la femme et l'homme :

— Il m'en faut... Donnez vite...

— Trois grammes à cent francs.

— Oui. Donnez vite...

— Quand vous m'aurez refilé l'argent.

— Ecoutez... Je vous payerai demain et je doublerai, je triplerai la somme. Ne craignez rien. Je vous jure que demain, à la même heure, je vous apporterai l'argent. Mais donnez, donnez vite... Il m'en faut ce soir, tout de suite...

— Je regrette, prononça froidement Charlot, mais j'ai pour habitude de ne livrer ma came que contre argent comptant. Bonsoir, madame.

Déjà, il faisait mine de rentrer dans le bar, mais la jeune femme, dont les dents s'entrechoquaient et qui paraissait souffrir atrocement, le retint par le bras.

— Ecoutez donc... Je vous donnerai une de mes bagues, en échange de la « neige ».

Les yeux de Charlot s'allument. Il a déjà estimé, en fin connaisseur, les bijoux de la « cliente » : le pendentif, la gourmette, le sac à main tout en or et les bagues enrichies de pierreries. Il comprend qu'elle est en son pouvoir. Lui enserrant le poignet, il l'entraîne sous les arbres du boulevard.

— Une bague? lui dit-il d'une voix rauque. Ce n'est pas assez! J'ai des risques, moi! Et puis, est-ce que je sais si elles ne sont pas en toc, vos bagues?

— Eh bien! prends tous mes bijoux, mais ne

me fais plus languir, bégaie la jeune femme, affolée. Ah! donne-moi vite la coco... Si tu savais comme j'en ai besoin, ce soir... Prends tout...

Elle s'est dépouillée et, en un tournemain, le grand Charlot a enfoui le butin dans une des poches de son complet pistache. Puis, fidèle à ses engagements, il fend, d'un coup de canif, la doublure de son veston et tend à la jeune femme la « coco » enveloppée dans un papier de soie.

— Tiens, lui dit-il, v'là du rêve et de l'extase.

Et, enfonçant son chapeau sur ses yeux, relevant le col de son veston, il disparaît dans la nuit.

Le lendemain matin, dans une chambre d'hôtel borgne, le grand Charlot dormait, faisant des rêves de nouveau riche, quand on frappe à la porte, brutalement.

— La rousse! bégaie Charlot tiré de son sommeil. La môme a porté plainte. Je suis fait.

Les coups redoublent. Il faut ouvrir. Le grand Charlot se lève et, en chemise, hagard, entrebâille la porte. Ce n'est pas la police. Le matinal visiteur est un majestueux vieillard, aux favoris blancs, vêtu d'une longue redingote noire, tout pareil à ces vieux acteurs qui jouent les pères nobles dans les drames du répertoire.

— Recouchez-vous, monsieur, dit-il avec aménité, en pénétrant dans la pièce. Vous pourriez prendre froid.

Docile, Charlot se glisse sous les couvertures. D'un coup d'œil rapide et un peu dédaigneux, l'intrus a fait le tour de la chambre. Il a vu le lit de fer, la glace éraillée, les rideaux déteints, la commode provinciale, et, sur la cheminée, les quatre photos qui donnent à ce logis misérable son caractère et sa note d'art : celles de Jojo, de Milo le Balafré et de Jean la Musique, trois adolescents dont les visages farouches semblent maudire les juges qui leur ont interdit, en punition de quelques peccadilles, de séjourner à Paris, et celle de la Panthère, la reine du boulevard Barbès, avec ses lourds cheveux gonflés en coques sur le front, un chef-d'œuvre de la foire de Montmartre.

Le vieillard a pris le parti de s'asseoir, sans y être invité, sur le complet pistache qui sert de housse à l'unique chaise du taudis. Puis, s'adressant à Charlot d'une voix solennelle, comme s'il répétait un rôle appris par cœur :

— Voici, en deux mots, l'objet de ma visite. Peut-être vous doutez-vous déjà, monsieur, de l'impérieux motif qui m'a contraint, de si bonne heure, à forcer votre porte. Hier soir, sur le boulevard de Clichy, vous avez dévalisé une jeune femme...

Charlot, dans son lit, fait un saut de carpe. Il veut protester. « J'ai conclu un marché... Je... »

— Ne cherchez pas à nier ! tonne le vieillard. Vous avez indignement abusé de cette malheureuse ! (*Un temps.*) C'est ma fille, une pauvre névrosée qui fait mon désespoir. Elle m'a tout raconté et, grâce à votre signalement, j'ai pu trouver votre adresse... Vous allez me restituer les bijoux volés !

Le grand Charlot se révolte.

— Les bijoux sont à moi ! Je les ai achetés !

— Vous mentez, dit le vieillard, mais votre audace se changera en humilité quand vous saurez qui je suis. Permettez-moi de me présenter. (*Un temps.*) Je suis M. R..., président de Chambre au Tribunal de la Seine...

— Alors, vous devez craindre le scandale ! ricana Charlot.

— Mais j'ai aussi les moyens de l'étouffer ! riposte le vieillard. Je vous donne deux minutes pour réfléchir. Passé ce délai, si vous ne m'avez pas restitué les bijoux de bon gré, je me rends chez le commissaire du quartier. Comme tous les malfaiteurs, vous devez connaître la loi. Trois ans de prison, cinq ans d'interdiction de séjour ! Voilà tout ce que vous retirerez de votre petite combinaison.

Charlot s'abîme dans une méditation douloureuse. Il comprend que son cas est mauvais ; il veut transiger.

— Soit, dit-il. Mais vous me donnerez cinq mille francs.

— Vous voulez m'escroquer, moi aussi, répond le vieillard. Je vous offre cinq cents francs, pas un sou de plus. C'est mon dernier mot.

Et comme Charlot hésite encore, il répète d'une voix tragique : « Trois ans de prison ! Cinq ans d'interdiction de séjour ! »

Charlot est dompté. Il se lève, ouvre en soupirant le tiroir de sa commode, en sort le pendentif, le sac à main, les bagues qui resplendissent et la gourmette qui déroule ses anneaux, comme une mince couleuvre d'or. Prestement, le vieillard engloutit les bijoux dans la poche de sa redingote.

— Et mes *talbins?* demande Charlot.

Le vieillard prend son portefeuille, en tire cinq billets, les dépose sur le marbre de la commode, salue cérémonieusement et disparaît.

Le grand Charlot, en chemise au milieu de la chambre, est bien près de s'abandonner au désespoir. Mais son heureux caractère reprend vite le dessus. L'amant de la Panthère se dit qu'il possède vingt-cinq louis, honnêtement gagnés, et que la police n'a plus le droit de lui chercher *pétard*.

Sur-le-champ, il décide de risquer, le jour même, au poker ou à la passe anglaise, en compagnie de l'Avocat, de Jésus et de Dédé le Riche, le fruit de son labeur. L'âme joyeuse, il s'habille en sifflotant :

> *On fait une petite belotte*
> *Et puis ça va.*

Vers sept heures du soir, le grand Charlot, après une désastreuse partie de poker, descendait mélancoliquement la rue Lepic quand il se trouva nez à nez avec sa cliente de la veille qui sortait d'un « café-tabac ».

— Ah! c'est vous, dit-elle, je vous cherchais. J'étais folle hier soir, folle à lier. J'espère que vous n'avez pas encore lavé mes bijoux. Il y en a bien pour trente mille francs...

— Vos bijoux? Vous vous payez ma tête, mar-

motta Charlot, plein de rage. Vous savez bien
que je les ai refilés à votre père, vos bijoux, et il
ne m'a donné que vingt-cinq *cigues*, le vieux grigou !

— Mon père ? Qu'est-ce que vous me racontez
là ? Il y a longtemps qu'il est mort...

— Comment ! Le vieux, qui est venu ce matin
me *faucher* vos *diams*, ce n'était pas votre *daron ?*

— Le vieux ? Quel vieux ?

— Le magistrat ! Le président de Chambre !

— Mon père était marchand de quatre-saisons.
Avouez donc tout de suite que vous avez vendu
mes bijoux.

— Ah ! malheur ! gronda Charlot. J'ai été refait !

Il avait soudain tout compris. Le noble vieillard était un subtil escroc. Caché dans l'ombre,
il avait assisté, sans faire un geste, à la scène qui
s'était déroulée sur le boulevard. Puis il avait filé
Charlot, avait noté son adresse et, le lendemain
matin, se payant d'audace, il était venu, sous les
apparences d'un respectable magistrat, lui extor-
quer les précieux bijoux.

— Mes bagues ! Mon pendentif ! répétait la
jeune femme.

— T'as tout perdu et je n'ai plus rien ! répondit
Charlot. *Calte* vite, la môme, et *ne va pas au cri.*
Rappelle-toi que si je vais à la Santé, tu seras
bonne pour Saint-Lazare...

Le lendemain, sa colère tombée, le grand Charlot racontait, avec une belle franchise, à l'Avocat
et à Dédé le Riche comment il avait été joué. Et
il tirait à sa façon la morale de cette histoire.

— Le vieux qui m'a *doublé*, si je le *poisse*, j'y ferai son affaire. Mais, faut être juste, pour du *business*, c'est du beau *business*. Ce vieux-là, voyez-vous, dans sa partie, c'est un as.

Et maintenant, cher lecteur, ne vous faites pas voleur... mais ne vous faites plus voler. C'est tout le mal que je vous souhaite.

FIN

TABLE DES MATIÈRES

PARIS. — IMP. RAMLOT ET Cⁱᵉ, 52, AVENUE DU MAINE.